极简

在你拥有的一切之下，
发现你想要的生活

[美] 乔舒亚·贝克尔 著
(Joshua Becker)

张琨 译

天津出版传媒集团

天津人民出版社

图书在版编目（CIP）数据

极简：在你拥有的一切之下，发现你想要的生活 /(美)乔舒亚·贝克尔著；张琨译. — 天津：天津人民出版社，2016.11（2018.12重印）

书名原文：THE MORE OF LESS：FINDING THE LIFE YOU WANT UNDER EVERYTHING YOU OWN

ISBN 978-7-201-10897-1

Ⅰ.①极… Ⅱ.①乔… ②张… Ⅲ.①生活方式 – 通俗读物 Ⅳ.① C913.3–49

中国版本图书馆 CIP 数据核字 (2016) 第 240733 号

著作权合同登记号：图字 02—2016—171 号
THE MORE OF LESS: Finding the Life You Want Under Everything You Own
by Joshua Becker.
copyright 2016 by Joshua Becker
simplified Chinese translation copyright 2016
by Beijing Land of Wisdom Books Co.,Ltd.
Published by arrangement with the author throught Andrew Nurnberg Associates International Agency
ALL RIGHTS RESERVED
此译本由企鹅兰登书屋分公司皇冠出版集团的一个分支机构
WaterBrook通过安排出版

极简：在你拥有的一切之下，发现你想要的生活
JIJIAN:ZAI NI YONGYOU DE YIQIE ZHI XIA,FAXIAN NI XIANGYAO DE SHENGHUO

出　　版	天津人民出版社
出 版 人	刘　庆
地　　址	天津市和平区西康路35号康岳大厦
邮政编码	300051
邮购电话	（022）23332469
网　　址	http://www.tjrmcbs.com
电子邮箱	tjrmcbs@126.com
责任编辑	陈　烨
策划编辑	梁珍珍
装帧设计	嫁衣工舍
制版印刷	天津翔远印刷有限公司
经　　销	新华书店
开　　本	900×1270毫米　1/32
印　　张	8.5
字　　数	140千字
版次印次	2016年11月第1版　2018年12月第3次印刷
定　　价	38.00元

谨以此书献给"成为极简主义者"社区的全体成员。

在你们的大力支持与鼓励、启发下，我得以完成本书的创作。

祝愿你们通过拥有更少的物品，享受更丰盛的人生！

对本书的赞誉

这本书充满了智慧，它的及时出现使我深受鼓舞。同许多人一样，我也受到极简主义理念的吸引。但是，坦率地说，我发现，自己已经深深地陷入了杂乱无章和积累物品的恶习之中。我非常感谢乔舒亚清晰地勾勒出当我们选择拥有更少的物品时，生命将呈现出的景象，以及如何实现它。我们将为生活与梦想创造更多的空间。

——肖娜 畅销书《面包、红酒与美味》的作者

乔舒亚·贝克尔是我心中的英雄之一。如果你正纠结于"太多的物品和太少的幸福感"，一定要阅读这本书。

——彼得·沃尔什 《纽约时报》畅销书《这一切太多了》的作者

乔舒亚·贝克尔揭示了一种充满创意的方法，为我们的工作日程、个人幸福、人际关系、财务状况，以及兴趣、热情方面增添了更多的意义。不要被"极简主义者"这个词吓倒。你并不需要采取过激的行动，也不必遵循固定的计划。打开这本书，你便可以卸掉生活的重负，专注于生命中真正重要的事情。

——瑞秋·南希·斯塔福德 《纽约时报》畅销书《放手吧，妈妈》和《放手吧，生活》的作者

多年来，我一直很欣赏乔舒亚所传达的信息和他的文章，这是迄今为止他所写得最好的书。他对极简生活提出的实用意见，以及那些过着极简生活的人们的感人故事，为实现这种强大的改变提供了工具和鼓励。贝克尔一步步地从如何实现极简主义，讲到为什么要奉行极简主义，这个过程令我叹服！

——康特尼·卡弗 《实现事半功倍的简单方法》的作者

就是它——一本用令人惊奇的简单方法改变你的生活的书！更少，实际上意味着更多，而且是多很多！

——杰夫·科恩斯 畅销书《工作的艺术》的作者

这本定义了极简主义的书为我们说明了"为什么""怎么做"和"谁来做"。乔舒亚·贝克尔长期担任牧师，拥有良好的声誉。读者们可以确信，无论他们将采取怎样的步骤，他们必将被引领到充满快乐、慷慨、意义和完满的、更丰盛的人生。

——理查德·达尔斯多姆 伯达尼社区高级牧师

通常情况下，我们对"过拥有更少物品的生活"的最大恐惧，是担心我们可能会错过什么。但是，乔舒亚·贝克尔却解释了我们如何能从极简主义者的生活方式中获取更多。这本书里充满了你今天就可以着手去做的好主意，并在指导性与激励性之间找到了完美的平衡。

  ——鲁思·斯卡普 《纽约时报》畅销书《未填充》的作者

  乔舒亚·贝克尔是在倡导一种生活方式，这种生活方式不仅能够吸引人，更能够彻底改变关于生命的博大理念。

  ——杰夫·施南伯格 复合人组织创立者，《更多还是更少：选择一种更慷慨的生活方式》的作者

  乔舒亚用令人忍俊不禁的故事和实用的建议，向大家解释了如何把极简主义的生活之旅，变成了一个与朋友和家人共同努力的过程。

  ——戴维·布鲁诺 《100件事的挑战》的作者

  我开始读这本书时，还持有怀疑态度。读到最后，由于乔舒亚·贝克尔细腻、简洁、富有说服力的叙述方式——我已经扔掉了一大堆东西，我成了一名真正的信服者。

  ——詹姆斯·沃尔曼 《令人窒息的杂物》的作者

目　录

第十三章　追求生命中最重要的事情 ———— 241

第一章
改变，就在一念之间

　　2008年5月的最后一个周末，天气真是好极了——每年的这个时候，在佛蒙特州，像这样的好天气可并不多见。于是，我和我太太金决定，利用周六的时间采购些东西，顺便处理一些杂事。当然，春季大扫除可是我们本周末的大目标——好吧，一切就从清理车库开始。

　　周六清晨，金和我们的宝贝小女儿还在呼呼大睡。一大早，我就叫起了儿子萨姆，两人一起吃了鸡蛋和火腿。我心想，吃了顿不错的早餐后，他也许就能早点儿进入状态给老爸帮忙了。

　　现在回想起来，我不明白自己为什么会觉得一个五岁的孩子会乐意去打扫车库。不过，不管怎么说，这就是我当时的美好愿望。早餐过后，我们就开始动手了。

　　与往常一样，我们那个可以容纳两辆车的车库被塞得满满当当——纸箱子一个摞着一个，几乎要从架子上摔落下来；几辆自行车靠在墙边扭放在一起，角落里还扔着一根花园浇水用的水管；耙子、铁锹和扫帚也都放得东倒西歪……有时候，我们不得不侧着身子从填满车库的杂物堆中穿过，才能上下车。

"萨姆，"我说，"这就是我们要做的事。过了一个冬天，车库里又脏又乱，我们要把所有的东西都推到车道上，然后冲洗整个车库。等它全干了，我们再把所有东西放回来，摆放整齐。明白了吗？"

小家伙点点头，假装听懂了我刚才说的话。

我示意萨姆，在角落处有一个脏兮兮的塑料箱，他可以去把它拽出来。

不巧的是，这个塑料箱里恰好装满了萨姆去年夏天玩的玩具。可想而知，小家伙一看到很久都没见到的玩具，就再也不想帮我清理车库了。他一把抓起了棒球和手套就向后院冲去。

向外跑的时候，萨姆忽然停了下来。"老爸，你和我一起玩好吗？"他问我，满脸期待。

"抱歉，小伙子，我不能。"我告诉他，"不过，等我一收拾好，就可以和你玩了。我保证。"

随着"砰"的一声门响，我看着萨姆棕色的小脑袋在车库拐角处消失了。

上午的时光悄然流过，我要做的事情一件接着一件，我也越来越不可能去后院和萨姆一起玩耍。当金喊我和萨姆吃午餐时，我还在车库里忙碌着。

当我走出车库，准备结束工作时，我注意到，我们的邻居朱恩正在她家院子里忙碌地种花、浇水。朱恩是位上了年纪的女士，头发花白，笑容和善，她对我家的事总是很感兴趣。我向她摆了摆手，就继续忙自己的事了。

到这时候，我已经开始清洁、整理那些早上被我从车库拉出去的杂物了。这可真是件苦差事，耗费的时间也要比我预想的长得多。我一边干着活儿，一边思索着。最近，我在整理我们的物品时，总是感到那么不满意。此刻，又是这种情形！更糟糕的是，萨姆不时从后院跑过来问东问西，或者试图说服我陪他一起玩，而我每次都会告诉他："就快好了，萨姆！"

朱恩一定是从我的语气中察觉到我的沮丧情绪。当她恰巧从我旁边的篱笆经过时，颇有讽刺意味地说了句："嗯，这就是家庭所有权带来的快感！"——她每天也会花大量的时间照料自己的家庭。

我回答道："是啊，你知道他们怎么说吗——你拥有得越多，被占有得也就越多。"

她下面的话改变了我的生活——"对呀，"她说，"这就是为什么我女儿是个极简主义者。她总是对我说，我不需要拥有这些东西。"

"我不需要拥有这些东西！"

当我回头看着一个上午的劳动成果：堆积在车道上那一大堆

肮脏的、落满尘土的杂物时，这句话一直在我的脑海中回荡。突然，我透过眼角的余光注意到，萨姆还是一个人独自在后院玩耍。这两种景象同时深深地印入我的心里，我第一次意识到了自己不满意的根源——那些困扰我的东西，就堆放在我家的车道上。

那一刻，我忽然想通了："拥有"并不等同于幸福。

这难道不是所有人都知道的吗？

至少，我们都承认，自己所拥有的物品并不一定会带给我们真正的满足。

但是，就在那个时刻，当我审视着车道上堆积如山的杂物时，我清楚地意识到：

我拥有的东西不仅不能为生命带来幸福，更糟糕的是，它们实际上会令我分心，无法去做那些能让自己感到幸福的事情！

我跑进家里，看到金正在楼上刷洗浴缸。我喘得上气不接下气地对她说："嗨，金！你根本猜不到刚才发生了什么——朱恩说，我们不需要拥有所有这些东西！"

就在那一刻，一个极简主义家庭诞生了。

极简生活的呼唤

那个周末，金和我开始谈论，我们能舍弃什么东西以简化我们的生活，并重新关注那些对我们真正重要的事情。随即，我们开始出售、赠送，或者扔掉我们不需要的物品。

在6个月中，我们已经丢弃了全部物品的50%。我们很快就看到了极简主义的好处，并逐步发展出了一种哲学——如何才能使更多人从一种更简单、更有意义的生活中获益。

这使我感到非常兴奋。于是，在那个周末，我创立了一个名为"成为极简主义者"的博客——让所有家族成员及时了解我们的"极简生活之旅"。对我来说，这一切的开始无非就是个在线日志。但后来发生的一切却令人惊奇：与我素不相识的人开始阅读博客，并向他们的朋友介绍它。我的读者数量从几百人发展到几千人，后来，竟发展到数万人……而且，这个数字还在不停地增长。

我一直在思考，这到底是怎么回事？这意味着什么？

多年来，我在不同的教会学校负责学生工作。我很愿意帮助中学生和高中生们找到生命中更伟大的精神意义。不过，我开始意识到，这个极简生活博客在我自己的生命历程中具有非比寻常的意义。

我开始收到关于各种特定问题的邮件，有的询问如何拥有更少的物品，有的是来自媒体的垂询，还有演讲的邀请。我对推广极简主义理念拥有一种深刻而持久的热情。我意识到，这是一种重要信息——它可以帮助来自不同背景，拥有各种精神信仰，生活在世界各地的人们过上更好的生活。于是，我开始考虑，也许，我需要全职推广极简生活的理念。

　　作为试验性的转型尝试，2012年，我搬到了亚利桑那州，用了两年的时间帮助一位朋友创建了一个教会，同时也为自己全新的职业生涯打下了基础。两年时间结束时，我已转型成为一名"拥有更少的益处"理念的全职推广者。

　　时至今日，我的那个博客已经发展得越来越有影响力，每月的读者数量超过100万人次。接着，我还出版了电子期刊和书籍。与此同时，我越来越频繁地被邀请在公益组织会议、企业活动和其他各种聚会上发表演讲，与更多人分享极简主义的机会也在持续增加。

　　在清理车库的那次经历之后，多年来，我学习了有关极简主义的许多知识。我所发现的精华内容都录在这本书中。

　　我在书中不断重复的观点，正是我在那一天所领悟到的：拥有过度的物质，并不能让我们幸福。更糟糕的是，它们将使我们远离真正让我们幸福的事物。一旦放弃了那些不重要的事物，我们就能更自由地追求对我们来说真正重要的东西。

　　我们身处的社会使我们有机会拥有大量的物品，这个社会一直受到那种"拥有更多物品"理念的激励。此时，我们急需的正是极简主义所传达的信息。我相信，这种信息将带给你全新的生活，以及更大的愉悦。

藏在衣橱里的秘密

威尔·罗杰斯曾说过："太多人花费他们尚未挣到的钱，购买他们不需要的东西，只是为了给他们并不喜欢的人留下深刻的印象。"他的分析放到今天，甚至比他最初表达这种观念时更为贴切。我甚至怀疑，他的话被放到世界上任何一个富裕的国家也都是十分贴切的。不过，还是让我用自己的国家——美国，来做一个范例。

在美国，我们消耗的物品数量是50年前的两倍。在同一个时期，美国家庭的平均面积几乎是以往的3倍。今天，平均每个家庭拥有大约30万件物品。平均来说，每个家庭拥有的电视机的数量，比家庭成员的数量还多！

根据美国能源部的报道，在拥有双车车库的家庭中，由于各种杂物的堆积，25%的家庭车库里根本没地方停车，另外32%的家庭车库中只能停放一辆车。家庭整理，即那种为我们所有的杂物找到存放位置的服务，现已发展成为价值80亿美金的产业，并以每年10%的速度增长。

而每10个美国家庭中，就有一个家庭需要在外面租赁储藏室——在过去的40年中，这是商业地产行业中增长最快的一项业务。

难怪我们有那么多私人债务的问题——美国家庭平均信用卡债务超过15000美元，而平均的抵押债务则超过150000美元。

我还是不要将统计数据一股脑儿说出来为好，因为我可不想让你感到沮丧。而且，你也并不需要统计数据或调研来帮助自己意识到自己很可能已经拥有过多物品了。

当你每天在家中走过，就会亲眼见到那一切——你的生活空间被各种物品填得满满的。地板上堆满了杂物，衣橱里也被塞满了东西，抽屉里的物品都快溢出来了，连冰箱也放不下你想搁进去的所有食物，你会觉得柜子的空间永远不够大……

我说得对吗？

尽管每个人都喜欢拥有自己的物品，我却怀疑，那些东西实在太多了，连自己也想处理点儿什么。但是，你怎么知道该保留什么，扔掉什么呢？如何将那些不必要的物品从生活中移走呢？何时才能知道自己已经达到了积累物品的正确水平呢？

也许，当你拿起这本书时，希望获得如何精简、整理房间物品之类的建议。我保证，你会得到它们。当然，还有更多的好建议！我最终将展示给你的，是如何通过你所拥有的物品，发现自己真正想要的生活。

这是一种"少即是更多"的理念，其重点则在于"更多"！

这一切的回报不仅仅是干净整洁的房子——而是更令人满意、更有意义的生活。极简主义，就是你一直在探索的"更好生活"的关键所在。

我将与你坦诚相见。在我内心深处，有着关于本书的一个大梦想：我想把极简主义介绍给全世界。至少，在我的国家是这样。

我们每天平均看到5000个广告，喋喋不休地鼓动我们购买更多的东西。我希望，自己能成为那个鼓励人们少买东西的声音。因为，当极简主义转变了成百上千、成千上万，乃至上百万人生活的时候，为我们这个世界带来的潜在益处是不可估量的。

极简主义令生活更美好

与追求更多相比，拥有更少，将为我们带来更多的喜悦。在这个不断诱导我们囤积更多物品的世界上，我们经常会对此视而不见。但是，考虑到极简原则能令我们的生命变得更美好，奉行它，你将可以在以下各个方面获得丰厚的回报：

·更多的时间和精力：不论是为了购买这些东西而努力赚钱，做调研购买它们，清洁并整理它们，修理、替换或者卖出它们，我们所拥有的物品都在消耗着我们的时间和精力。所以，我们拥有的东西越少，就拥有越多的时间和精力去追求那些对我们更加重要的事情。

·更多的金钱：这很容易理解。由于购买更少的物品，我们花钱更少。不仅是最初获得物品的开销，还包括管理、维护物品的费用。也许，你实现财务自由并不是源于挣更多的钱，而是源于拥有得更少。

·更为慷慨：以一种获取更少、成本更低的生活方式生活，使我们有机会为自己关心的事物提供更好的财务支持。钱财，只有在我们将其用于有价值的消费时，才真正拥有价值——拥有更多的机会，要比单纯积累物质更有价值。

·更多自由：对物质的过度占有会使我们在体力上、心理上和财务上沦为奴隶。那些物品笨重不堪，难以处理，它们也会使我们的精神不堪重负。反之，每次，当我们处理掉一件不需要的物品，我们都会重新获得一点儿自由。

·更少压力：事实上，每增加一件物品，都会增加我们的焦虑感。请在脑海中想象两间屋子：其中一间杂乱无章，另外一间简洁有序。哪一间屋子会令你感到焦虑？哪一间会令你感到平静？请你注意这个公式：杂乱无章+过多物品=压力。

·更少焦虑：我们身边的一切事物都在相互竞争，以获得我们的关注。这些令我们焦虑分心的小东西累加起来，将会阻碍我们关注真正需要关心的东西。在当今的社会，谁还需要更多的干扰和焦虑呢？

· 对环境影响更小：过度消费加速了自然资源的毁灭。我们的消耗越少，对环境的危害也越小，这会使所有人受益，包括我们的子子孙孙。

· 拥有更高品质的东西：花费在过多物品上面的钱越少，就越有机会在真正需要时买到高品质的物品。极简主义并不一定意味着省吃俭用。这种哲学说明了，并不是拥有越多物品就越好，拥有更好的物品才更好！

· 为我们的孩子们树立更好的榜样：孩子们最常从我们这里听到的三个字是什么？是"我爱你"吗？还是"我想要……"，还是"……大减价"或者"我们去购物"？我们要给孩子一种真正有益的思维模式，使他们有能力抗衡那种流行的、失控的生活方式。

· 留给他人的工作量更少：如果我们不努力清理并削减所拥有的物品，当我们去世或者到了无法照顾自己的时候，其他人（很可能是我们所爱的人）就不得不担负起这个重担。通过坚持过极简主义的生活，我们也会让别人的生活更轻松。

· 更少比较：我们很自然地会把自己的生活与周围的人进行比较，再加上我们内心深处就有这种欲望——希望与别人拥有一样多的东西，从而给别人留下深刻印象。正如威尔·罗杰所说的——"这将后患无穷"。刻意拥有更少物品，会把我们从这场无法获胜的"比较游戏"中拯救出来。

·更多满足感：当我们缺失某种物品时，这种表面上的匮乏感会令我们不快。我们会认为，通过获得这种东西，就能化解这种不满足的情绪。然而，拥有物质永远不会满足我们心灵的全部欲望（这就是在购买了某种物品之后，我们会再次产生不满足感的原因）。只有当我们刻意粉碎这种积累更多物品的循环，才能识别生活中令我们不满足的真正根源。

更多时间、更多金钱、更少压力、更少焦虑、更多自由……这一切听起来多么诱人啊，不是吗？在本书的后续章节中，你将听到更多关于这些主题的内容，我将讲述如何获得这些益处。

即便这些益处就是我们奉行极简主义的理由，也该足够了，但还有更多的理由。

我们每个人都可以从极简主义中获得更为私人化的好处——丢弃那些不需要的东西，正是迈向你真正向往的生活的第一步。

满足自己最大的热情

极简主义生活，意味着我们将摆脱物质的束缚，获得身心的自由，以最大的热情去追寻自己最伟大的梦想。

对我们中的一些人来说，内心最大的喜悦——无论那些喜悦究竟是什么——早已远离了自己。所以，物质生活越简单，我们拥有的时间就越多，就越能从事更有意义的活动。

比如，我们将有更多的时间去旅行，让自己在精神追寻中拥有更清晰的思维；我们将拥有更强大的意志力去解决真正的问题；我们有更强大的财务能力去支持自己信仰的事业；我们也将获得更大的灵活性，去追求自己最渴望的事业。

对我本人而言，我能够自由追求并十分热衷的一件事，就是邀请其他人共同发掘极简主义生活方式所带来的益处。在许多方面，我觉得自己需要在其他人的生活中扮演"邻居"的角色。我非常感谢朱恩向我介绍极简主义理念，我也很感恩自己有机会将这种理念传递给其他人。

我本人从极简主义中获得的另一大收获，就是更好的人际关系。

我喜欢拥有更多的闲暇时间与自己的家人、朋友们相处。我依旧定期参加教堂的活动，志愿承担自己作为教会员工时曾经担负的许多工作。与此同时，我能够在拥有更少焦虑、更多自由的情况下，自由地追求我的信仰，这一点对我来说意义非凡。

最近，我非常兴奋地发现，通过这本书的版税收入，我太太和我创建了一个名为"希望效应"（The Hope Effect）的非营利组织。这个组织的宗旨就是通过建立可复制的、以家庭为单位的孤儿关怀模式，改变这个世界慈善行为的模式。

当我们有了创立这个非营利机构的想法时，金和我对彼此说：

"为什么不呢？让我们利用自己的资源做些有意义的事情吧！"因为我们的财务负担很少，我们能够立刻着手实施。在本书的后半部分，我将告诉你关于这个项目的情况。

我的生活就是见证：减少不必要的物品，使追求自己关心的事情的机会成倍增长，其结果就是个人满足感呈指数级增长。也许，你和我一样，真正想要的生活正埋藏在自己拥有的物品之下！

所以，让我问你一个问题：你最大的、尚未实现的愿望是什么？

如果将自己拥有的物品最大化地进行精简，你将有可能欣赏、追求，或者完成什么？你希望与相爱的人有更深的交流吗？想去看看这个世界？创造艺术品？改善健康状况？实现财务安全？将自己投身于一项伟大事业？

在阅读本书时，请保留这些梦想！因为这才是本书的实际内容。它不仅仅是一本关于拥有更少物品的书，更是一本讲述如何获得更丰盛的人生的书！

你期望从本书获得什么

我希望，这本书将要呈现的可能性将会使你兴奋不已。我要与你分享的还有很多，包括极简主义哲学的理念和其实用性。我相信，这是那种能让你反复阅读、思考的书。我希望，这是一本在阅读之后，你愿意推荐给别人看的书。

清楚地说，这本书并不是我本人极简主义生活的传记。尽管我在解释的过程中，分享了一些自己的故事，我也希望这些故事能给你带来启发。

这是关于每个人的书，这是关于"拥有更少"的快乐之书，这是关于如何践行极简主义，使你的生活变得更美好的奇妙之书。

我还会向你介绍其他一些人，他们已经成为真正的极简主义者，时至今日，他们甚至刻意让自己拥有更少的物品。你会从他们许多人曾经的处境中，发现自己生活的影子，他们对自己曾经的消费主义习惯所做的一切改变，将会给每个人带来启发。

举例来说，你将从下面这些人的经历中看到——

·特洛伊，那扇斑驳掉漆的窗户开启了他极简主义的旅程；

·安妮特，决心抛开家庭的束缚，独自环游世界；

·戴维和雪莉，当他们将自己的生活极简化后，发现了他们心中涌现出的创意和慈善的愿望；

·玛尔戈，当她把1000件不需要的物品扔出家门时，着实让自己大吃了一惊；

·康特尼，通过为自己的生活减压，甚至减缓了一种威胁她生命的疾病的发展速度；

·瑞安，把自己拥有的每件东西都打包放在盒子里，只有在需要用的时候才取出来；

　　·萨拉，在为期一年的时间里拒绝购买新衣服，从而彻底改变了她的购物习惯；

　　·杰西卡，她从15岁开始，就奉行自己的一套极简主义哲学；

　　·阿莉，舍弃了她最珍贵的珠宝——并由此改变了地球另一端人们的生活。

　　你也将发现，我会提到《圣经》中的一些故事。我的信仰在我对极简主义的理解与实践过程中都具有重要意义。如果你有不同的宗教信仰，或者没有任何宗教信仰，这些故事都会令人感到有趣、有益，它们阐述了关于生命以及我们周围世界的一些普世真理。用不了多长时间，你就会理解我为什么会在书中讲述这些故事。

　　我曾与来自世界各地的人相聚，讨论拥有更少物品的好处，根据我的经验，我毫不犹豫地断言，极简主义是一种能够改变任何地方、任何人的生活方式。请继续阅读这本书，让我向你证明这点。

　　它就像一粒种子，它所传达的信息是如此简单，但它对成长的承诺却如此厚重。

你不需要那些东西

我还记得，那天恰巧是个周六，天气非常晴朗，温暖怡人。不过，在这一天，我和金要做的家务事很少。

尽管还没有彻底达到极简的状态，我们已经将家里的物品减少了很多，无须像以往那样，在整个房子里忙忙碌碌、收拾不停了。所以，家人们可以自由地聚在一起，做各自喜欢做的事情。比如，在附近散步，在门廊下悠闲地享用午餐，推着孩子们荡秋千……

那天的傍晚时分，我和萨姆一起来到我家门前的一条安静的小路上。他正在学骑自行车，而我就像所有的爸爸一样为他骄傲。我帮他戴好头盔，推着他沿着整条街骑行，确保他身体直立，不会摔倒。我很高兴地看到，他已经掌握了这项新技能的小窍门。

最后，我向萨姆发出挑战，让他在没有任何帮助的情况下自己骑车绕行整个街区。而我也会骑着自行车跟着他——这是我们首次一起骑车！

当我们在拐角转弯时，我发现，一位邻居正在他家的车道上忙碌着，他看起来是如此疲惫、愤怒，而又无奈——他正在清理自己的车库！

我得意地笑了……

会有那么一天，当时机成熟时，我会告诉他一条改变生命的信息：你不需要拥有那些东西！

第二章
新希望的诞生

当听到"极简主义"这个词的时候，你的脑海中想起了什么？

你是否会和许多人一样，马上联想到禁欲苦修，或者家徒四壁、极度节俭的画面呢？或者是一个人因为没有任何家具，只能坐在地板上？

也许，在你看来，这是一种纯粹为了实现"自我剥夺"而进行"自我剥夺"的练习。这是多么枯燥又无趣啊！谁会想要这种生活呢？

但是，让我告诉你，这种场景与我所说的极简主义大相径庭！

在我看来，极简主义正好与之相反。它向我表达的是自由、和平与喜乐，它讲述的是为了全新的可能性而开辟出的空间。它的确能够帮我们"甩掉包袱"，因为它为我们清除了障碍，让我们过上了自己想要的生活。

我对极简主义本身并不热衷，我只是想帮助人们过上自己有能力驾驭的、最好的生活。对于生活在发达国家的人们来说，极简主义意味着减少不必要的东西，而不是增加它们。因此，作为一个实际问题，我们必须学习极简化的技能。

刻意地倡导对我们最有价值的生活，并清除那些阻碍我们得到它的东西——这就是我对极简主义的定义。

极简主义的美好，并不在于它带走了什么，而在于它所给予我们的东西！

新希望的诞生

"我成为极简主义者的原因，你可能想不到，"特洛伊说，"是因为我家窗户的颜色。"

我从来没有听说过那个故事，于是，我请特洛伊解释一下他的话。特洛伊是一位40岁左右的高个子男士，他长着满头红发，还留着精心修剪的红色络腮胡子。我们俩在明尼阿波利斯召开的一次"简单生活"会议上相遇，他向我分享了他的故事。

特洛伊解释说，他在几年前买了一栋房子，他本以为朋友会搬进来和他一起住，并一起支付房款。但是，后来，由于一些生活的变故，他的朋友搬了出去。他并不想再寻找一位新室友，而是选择了再做一份工作以增加收入，由自己来负担房款。

"最终，"他讲道，"我要为这种情况付出得太多。我虽然拥有了更多的金钱，但时间却更少了。更糟糕的是，那些额外的收入我根本存不住——它们几乎都被用来支付贷款了。"

特洛伊陷入了绝望。他开始购买并收集物品，以满足自己对控制感的渴望。车库售卖、清仓甩卖、棒球帽打折……诸如此类的信息，成了他关注的焦点。他说："那时，我已经失控了，全然不知自己在干什么，也不知道该对自己的生活做些什么。直到我注意到，我家窗户边缘上的油漆已经开始脱落了。"

为了修理窗户，特洛伊在一次午餐休息的空档打开了电脑，开始对比油漆的颜色。搜索引擎为他提供了无数颜色的选择，起初，他甚至觉得自己都有些"选择无能"了。

当他向下浏览时，恰巧注意到屏幕上有一副画面完全与众不同。它展示了一座他曾见过的最小的房子——那是一座建造在车轮上的小房子，房前的院子里还有一群小鸡在玩耍。

特洛伊感到很好奇。他只是点了几下鼠标，就俨然沉浸在另一个世界之中——那里的人们刻意生活在物品很少的、更小的家里——这就是特洛伊极简主义生活的开始。

他的首要目标，就是让自己现在的住所变得更加宜居。在接下来的几个月里，特洛伊从家里清除了1389件物品。夏天结束时，他总共清除了3000件物品。

"清除那些东西并不总是那么容易。"特洛伊对我说，"但这是十分必要的一个过程。"

在结束我们的谈话时，特洛伊不胜唏嘘。他说："很长时间以来，我都觉得自己受到了伤害。我需要简化自己的生活，我需要摆脱债务，我需要处理掉那些令我的生活杂乱无章的东西。但我最需要的则是希望——希望生活可以截然不同，可以更加美好。成为极简生活主义者，以及过一种拥有更少物品的生活，最终给了我希望。"

道理就是这样：极简主义是关于给予什么，而不是带走什么！它竭力倡导对我们最有价值的生活，并清除任何阻碍我们获得它的东西。这是一种全新的生活方式，令我们充满了希望。

请允许我澄清关于极简主义的两种常见的错误认识。

错误认识一：极简主义意味着放弃一切！

我发现，有些人好像以为极简化就意味着把所有东西都扔掉，或者说，要扔掉绝大部分的东西。实际上，根本不是这么回事。正如我经常说的，极简主义是要过拥有更少东西的生活，"更少的"和"完全没有"根本不是一回事。

如果你走进我家，你可能不会马上意识到：一个极简主义者就生活在这里。在我们的客厅，你会看到四人餐桌，一张家庭照片，一块地毯，一张咖啡桌，和我们唯一的一台电视机。在我们的衣柜中，你会找到夹克、棒球帽和几件冬天穿戴的东西。在孩子们的房间，你会在柜子里找到书籍、手工材料和玩具……

我们在追求过一种极简主义的生活，但与此同时，我们还在生活，还在呼吸，也在改变着其他人。生活即是消耗，所以，我们依旧有财产。但是，我们在努力逃离物品的过度积累。

　　我有时候会提到"理性的极简主义"或者"有策略的极简主义"来让大家理解我的意思。我并没有倡导清除所有人为能够清除的东西，而是鼓励大家清除不必要的物品，从而使他们能够追求生活中更美好的东西。

　　我对自己的灵魂、对我的家庭、对关爱和影响其他人充满了热情。在所有其他事之上，我优先关注的正是这些。极简主义则是我实现这些目标的手段——它清除了一切物的障碍，使我能够意识到那些对我来说最重要、最优先的事情。

　　于是，我无情地抛弃了那些多余的东西，以便真实地面对自己的梦想。但是，如果有些东西能够帮助我过上自己想要的生活，我就保留并享受它们，我对它们根本没有任何负罪感。

　　当你走上这条极简主义的道路时，可能会有同样的经历。不要错误地认为，自己要过一无所有的清贫生活。只要所拥有的物品能够给予你想要的生活，就请和它和谐共处吧！

错误观念二：极简主义就是整理你所拥有的物品

　　整理物品自有其作用，但它与极简主义并不是同一个概念。

　　仔细想想，整理物品（却并不抛弃多余的东西）只是一种暂时的解决方案，我们不得不重复进行。我的极简主义伙伴康特尼·卡弗就曾说过："如果整理你的物品有效果的话，你的问题难道不是早就解决了吗？"

从本质上来说，整理东西只是一个重新安排的过程。但是，我们今天可能找到关于物品储藏的解决方案，到明天一早，我们又要开始寻找新的储物空间了。此外，整理东西（而不丢弃物品）也有一些重要的缺陷：

·**整理活动并不会使其他人受益**。那些我们很少用到的东西，往往被放置在储藏室、阁楼、车库的架子上。年深日久，它们会被遗忘在某个角落，发挥不了任何作用。

·**整理活动并不能解决我们的债务问题**。它并不能提醒我们关注潜在的问题——我们购买了太多东西。实际上，许多时候，重新整理物品甚至要花费更多财力、精力，因为我们需要购买各种收纳用品、储藏室或者更大的房子，如此方能装下这些物品。

·**整理物品并无法断绝我们对更多物品的渴望**。将物品整理好放入纸盒、塑料箱或柜子，意味着我们依旧拥有过多的物品。而且，它也无法阻止我们渴望拥有更多的物品，无法提示我们从已拥有的物品中找寻幸福。

·**整理物品不会迫使我们重新审视自己的生活**。尽管重新整理物品可能使我们仔细审视自己拥有的每一件物品，它却无法迫使我们问自己：是否需要保留它们？我们经常只是将这些东西放在盒子里，盖好盖子，然后，再次将它们遗忘。

·**整理物品并非整理我们的生活**。整理可能会暂时改变我们的心情，因为它会带来更为干净、整洁的房间。但是，它很难形成一种实际的生活方式的改变。在我们脑海中，我们的房子依旧太小了，我们的收入也还是太少了，我们每天缺乏充裕的时间。最重要的是，我们也许已经将物品重新整理了一番，但却无法重新整理我们的生活。

相比之下，清除不需要的物品却能实现上面这些被忽略的目的。它能够改变我们的内心，并改变我们的生活。而且，它是一个永久性的解决方案，而不是我们必须重复进行的、暂时的解决办法。一旦我们清理了一件物品，它就永远消失了。

整理东西当然比什么都不做要好，但极简化带来的收获则要远胜于它。

极简主义的历史

寻找我们想要的生活并不意味着放弃一切，但也不意味着要守住一切。相反，它能把我们拥有的物品的数量降低到一个适当的水平，从而将我们从烦琐的日常生活中解放出来。

当我太太和我开始清理家里的杂物，并清除那些不重要的东西时，我会经常对她说："这简直太奇妙了。拥有更少的东西竟然能让人感到如此自由！我在想，为什么以前从来没有人告诉过我这件事呢？"

　　不过，在不久以前，我开始反省自己。难道真是从未有人告诉我有关极简主义的事吗？或者，只是我从未认真倾听？

　　我开始回忆自己曾经听过的关于"物质主义在精神层面的风险"的演讲。甚至，我还回想起自己毕生曾阅读过和听说过的有关拒绝消费主义的空虚承诺——如何遵循更高尚的价值观。

　　我开始做调查工作，并发现极简主义根本不是一个全新的运动。无论它是否被特意贴上"极简主义"的标签。

　　实际上，数千年来，人们一直在实践和鼓励过极简主义的生活——这要比我们当今产品的大规模生产时间更早，比推行城镇化更早，甚至要比工业革命更早。在各种经济环境下，极简主义都被作为一种令人向往的生活方式，备受推崇。

　　时至今日，我们在近几个世纪中也能发现鼓励这种生活方式的代表人物，包括亨利·大卫·梭罗（Henry David Thoreau）和约翰·拉斯金（John Ruskin）。我甚至听说，有人称他们为"极简主义者运动之父"。

　　但是，极简主义的产生要比所有这些人都早——要早许多。换言之，极简主义者的生活方式也许是从现在才开始流行的，但它绝不是什么全新的事物。

　　杜安·埃尔金（Duane Elgin），常被视为是将"志愿简洁"这个词汇带入公众语境的人。他是这样对我说的："我告诉大家，这项运动起源于几千年前，它甚至同耶稣、佛陀和其他理解简洁价值的先哲们的教诲一样早，而我只是这项运动的后辈。简洁自身的价值并不是什么全新的内容，但这一理念所适应的环境则已大为不同。"

拥有更少物品的生活总能让人感到自由，给人以蓬勃的生命力，使人们充满希望和目标。它使人类在精神层面得以拓展，不仅仅是作为物品的积累者而生活。

因此，极简主义并非是对待生活的一种全新方式，也并非是为了应对消费品的过度生产而创造出来的。恰恰相反，最受我们信赖的精神领袖已经倡导这一理念达千百年之久。

耶稣早年布道时，一位年轻的官员向他提了个沉重而影响深远的问题。"尊敬的老师，"他问，"我必须做什么才能获得永生？"

耶稣的回答令所有人感到惊讶甚至震撼，他说："把你拥有的所有东西都卖掉，并把它们送给穷人。你就会在天堂拥有财富。然后来这里，追随我。"

有人如此评论这历史性的一幕："这简直是那位官员最不想听到的话了。他本身就很富有，但他无法放弃财富，于是，他变得极为伤心——他把拥有的一切牢牢地攥在手中，根本无法放手。"

正如我在上一章所提到的，心灵塑造了我对极简主义的追求和定义。然而，极简主义也使我对一些重要的教导有了全新的理解，尤其是这次。

　　然而，当我的家庭和我本人开始削减所拥有的物品时，我们亲身经历了上面列举的种种好处。耶稣对那位年轻而富有的官员所说的话，对我而言有了新的含义。

　　"把你所拥有的物品卖掉或赠送给穷人，因为这些东西对你而言是不必要的负担！它们阻止你去体验那永恒、富足的生命。拥有更少的东西吧！你的这些物品正阻碍你成为你真正想成为的人！"

　　耶稣的教导，与其说是对人们信心的测试，倒不如说是对真理的陈述，这是对更好的生活的邀约。无疑，在他看来，人们拥有的物品正在阻止他们过上真正的生活。

　　这是放之四海而皆准的真理。在此，我想讲述一个我的朋友安妮特的故事。

"无处不在的人"

　　安妮特·加特兰是一位爱尔兰的自由记者，她大部分时间生活在马来西亚。闲暇时间，也常去澳大利亚、印度尼西亚和印度旅行。此外，她每年还要去一趟爱尔兰和法国，在她未来的日程表上，还要去许多国家。

　　她说，正是极简主义使她能够做到这一切。安妮特没有固定的家，也没有汽车。从2013年1月她决定离开法国开始，她就是一位在网络上工作的"游民"，她称自己为"无处不在的人"。

"2009年，在丢了一份重要的工作合约之后，我得到了一些赔偿，于是我决定去旅行。"她对我说，"只拿着几个包就行走世界的感觉真是棒极了！在这之前，我每年会离开三到四个月，而每次回到家时，房子里所有的东西、房租、账单、养护车辆的各种费用简直让我窒息。"

就是在那个时刻，她决定削减个人物品的数量，把它们减到最低，然后彻底变成一个"世界游牧者"。

安妮特花了三个月，几乎是不间断地工作，才将房间里积累的物品给清空（我可从没说过成为极简主义者是快速的或者极为容易的），她送出了自己的大部分物品，卖掉了仅有的几件高科技物品，以及一些家具和衣服。

正如你可能想到的，安妮特发现，有些东西要比其他物品更难以处理。"我依旧有几双鞋子收藏在盒子里，还有一些书和文件。"成为极简主义者并不意味着要将所有的物品都送走，它意味着只拥有我们自己真正需要的东西——清理是一个过程，肯定要花时间。"

除此之外，保持做一名极简主义者对安妮特来讲也是一种日常挑战。物品的积累实在太快。"当我作为记者出席活动时，"她说，"我经常会得到T恤、DVD，或是书籍，还有人给我日历和各种纪念品。"有时候，安妮特能成功地将这些不需要的东西马上转赠给别人，但还有些时候，她会把这些东西塞进一个包里，以后再整理。

对安妮特来讲，旅行需要做许多整理工作，以确定进行下次行程时要随身携带什么东西，不过，安妮特看到了这项工作积极的一面。"我必须定期整理自己的物品，这对我简直收获太大了！我非常清楚地知道自己拥有的所有物品，而且我强迫自己要对自己是否需要它们保持诚实。"

安妮特住酒店，或者临时与他人分享公寓，她有时也帮人照看房子。在她看来，她这种生活方式的主要好处之一，就是她有时间和精力致力于开发她的环境新闻网站"变革时刻"Change Times）。

她表示："我看到，朋友们的时间和金钱都消耗在管理大房子、花园，以及他们昂贵的生活方式上，我很高兴，自己能够集中精力撰写我想写的文章。我也喜欢能轻松地前往任何所向往的地方。"

好吧，我理解，你所喜欢的拥有更少物品的生活方式，也许会与安妮特的生活方式不一样。实际上，极简主义在每个人的生活中都有独特的表达方式。

我们在下一章将会讨论这个问题：如何以一种自然的适合你的方式，过极简主义的生活。

　　无论最初对极简主义理念有着怎样的误解，你现在都已了解
了真相——极简主义是刻意地倡导对我们最有价值的东西，并清
除那些阻碍我们得到它的东西。每个想从拥有更少中收获更多的
人，无疑都需要它。

第三章

开启属于你自己独特的极简主义生活之旅

当我最初对极简主义进行研究时，我很快发现了两件事情。

首先，有许多人在追求极简主义，要比我所想象的多得多——尽管你可能并未感受到，极简主义却是一项正在全世界范围内推行的运动。

其次，我所发现的极简主义者们，正在以各种奇妙的方式实现着极简主义。

·戴维·布鲁诺在圣地亚哥的一所大学工作，他将自己的物品限制在100件之内。《新闻周刊》发现了这个故事，如今，"戴维的百件物品挑战"已经成为极简主义者中一个备受推崇的目标，甚至由此引发了更为激烈的竞争（例如只拥有75件、50件，甚至12件物品）。

·科林·怀特每隔4个月都会把自己拥有的东西放进背包，搬到一个新的国家。为了使这种生活方式更有意思，他邀请读者们在他的网站上投票，决定下次要把他送到哪个国家。

·波兰的塔米·斯特罗贝尔与自己的丈夫和猫咪一起，生活在几十平方米的家中。斯特罗贝尔夫妇累计有超过3万美金的债务，他们决定，通过极简主义的生活方式以渡过难关。然而，最终，他们竟爱上了这种生活方式！即使在偿还了全部债务之后，他们仍然选择继续生活在一所小房子里，甚至还成为宣传这种住房模式的宣传大使。

·里奥·巴保塔是一位有六个孩子的极简主义者，他最近从关岛搬到了旧金山，家庭成员每人只携带着一个手提箱。里奥将自己能够摆脱债务、减肥、戒烟、放弃不能忍受的工作等都归功于极简主义。

除此之外，弗兰西斯·杰伊、艾薇塔·博格、凯伦·金斯顿、亚当·贝克尔和其他人的故事，都塑造了我最初的极简主义之旅。

上面的每个人，以及更多人都在赞颂他们新的生活方式。我几乎每天都阅读他们的故事以获得启发。我从未忽略这样的事实——所有这些人都在以各不相同的方式实现着他们的目标。

于是，我迈出了关键的一步，将这种启发应用在我自己的生活中。

尽管有许多榜样值得效仿，我太太和我并没有按照某种特定的方式实践极简主义。没有公式可以遵循，也没有特定的标准去满足——所以，我们可以自由地按适合我们的任何方式，创造自己的极简主义风格。这真让人松了口气！

当你意识到，你所追求的极简主义者的生活方式无须对任何人交代时，一定也会感到莫名的轻松！也许，你曾经并不情愿尝试这种生活方式，正是因为担心自己会被迫做不想做的事情。不过，现在，你应该知道，这种担心完全没有必要。

成为一位没有固定地址的"全球游牧者"，很适合安妮特和科林·怀特。不过，那可不一定是你的梦想，没问题！你没必要仿效他们。

如果你觉得自己理想的物品数量肯定得超过100件，没问题！

如果你觉得在一所小房子里生活，完全不是自己的生活目标，没问题！

我向你保证，你完全可以自由地寻找属于自己的极简主义生活之路，这完全没有问题，事实上，这是更为适宜的。然而，这并不意味着你的生活不会发生巨大的改变——也许，你需要丢弃大量的杂物，才能彻底地释放自己。

生活的确即将发生巨大的改变。但这种特定的改变一定是你所需要的，而不是其他人需要的。当这一切发生时，你会感到非常开心。

这不仅仅是可以自由地按照个人喜好，塑造属于自己的极简主义模式。更重要的是，在这一章中，我鼓励你按照自己的目标塑造独一无二的生活方式。我希望你能尽己所能，识别自己真正想要的生活，然后遵循它，并实现它。

让我们不要从一开始就对极简主义抱有死板的认识。实际上，夸夸其谈非常容易，但是，保持对我们目标的关注，将使我们免于掉入空谈的陷阱。

利用启发的力量

有些人对自己的人生目的（或目标）有着十分清晰的远景。对他们而言，规划出适合自己的极简主义生活相对比较容易。他们只须找到一种适合自己的、实用的极简主义方式，就可以发现从当下到他们希望实现的目标之间最短的道路。

其他人——我想这才是大多数人——对自己的目标并不那么清晰。也许，对自己想要从生活中得到什么，他们有些想法，但他们脑海中的，就像是只涂了部分颜色的画面。这些人对过度的消费和成堆的物品感到不满意，他们也想做出改变，但至少在一开始，他们无法确定，实现极简主义应该采用什么方法。

我本人就属于第二类人，你也许也身在其中。如果穷尽毕生精力都在追求那些根本不重要的事情，那么，许多人很难识别那些真正重要的事情。

无论如何，我都想鼓励你开始极简主义的历程。我确信，你一定想要处理掉某些多余的物品，无论它们是什么。当你这么做的时候，这个极简化的过程将向你展现：未来的愿景究竟是什么。那时，你会越来越了解自己内心的愿望，这将帮助你开拓出自己的极简主义风格。

　　这并不是简单的由上而下、从目标到实践的过程，它也并非完全是由下而上、逐步了解自己如何才能拥有更少物品的过程——这是一个双向的过程——在认清自己的目标的同时，融入一种更少拖累的生活。

　　我的邻居朱恩告诉我，我其实"根本不需要拥有那些东西"！然后，金和我开始处理我们的物品。但是，在这个过程中，我们遇到了许多问题。

　　比如，在车库堆积的物品中有一套高尔夫球杆，我很少用它们。我将来真的会经常打高尔夫球吗？如果不是，是否还值得保留一套高尔夫球杆呢？我认为，高尔夫球绝不在我的优先考虑之中，于是，我就把球杆处理了。

　　我们还有一张足够八人使用的餐桌和配套用品，不过，我家只有四个人，我们是否应该用一张更小的餐桌，并把一半的餐桌配套用品送人呢？在这个问题上，金和我决定，我们不该做什么改变——我家经常来客人，或者有教会的朋友到访，所以，让客人有地方坐下用餐，对我们来说很重要。在这种情形下，热情好客的价值观促使我们以特定的方式实践极简主义。

　　通过这种方式，极简主义成为对我们颇具启发性的过程。这就是说，它是一种通过实践学习，在前进的过程中学习的体验。

　　立即"去除过多物品"并"消除杂乱"，将帮助你澄清自己的人生目标和价值观。

比如，也许你会越来越清晰地感到，自己希望少花些时间在这些物品上，从而能花更多的时间与家人和朋友们相处；或者，一旦开始少花钱购物，你突然会有种被释放的感觉，进而迎来职业生涯的转折；或者，你可能会意识到，自己希望能够不再负债，从而可以更早地退休，有充足的资金去环球旅游，或者支持自己关心的事业。

这些都是独特的目标，正如你自己就是独一无二的一样。你将找到属于自己的方式与道路，一旦你开始了这个旅程，就会看到更清晰的未来。

戴维和雪莉的极简之旅

2013年春天，戴维和雪莉开始了他们姗姗来迟的旅行，他们开了一辆灰色的SUV，从俄勒冈州尤金市的家里出发，沿着俄勒冈州和加利福尼亚州的美丽海滩一路南下，直到圣巴巴拉。对这对夫妇而言，他们终于能从工作中解放出来，享受他们久违的自由生活！

这次旅行，绝不仅仅是一个放松和重新沟通的机会，也使他们有机会关注已经考虑过一段时间的事情：比如，将他们的生活简单化！当波光粼粼的太平洋、茂密的森林和葱郁的山坡美景从他们的车窗外闪过时，他们从广播里聆听着极简主义者的话语，讲述着拥有更少物品的意义。

这一切都令生命为之转变！

在旅行期间，夫妇俩从对极简主义理念的好奇转变为全心全意的信仰。

这对忙忙碌碌的夫妻迫切需要一次转变。戴维是个康复教练，雪莉是名律师。看上去，他们两人身体健康，事业有成，家庭幸福。但是，有段时间，他们发觉自己的生活越来越匮乏——每天都没有足够的时间，银行里也没有足够的存款。

与大多数父母一样，他们致力于给孩子提供最好的生活。他们买了自己梦想中的家——在尤金拥有一座殖民地风格的房子——并靠反复抵押房产，换取了美国中上阶层舒适、奢华的生活。但是，当孩子们高中毕业离开家之后，他们越来越怀疑有什么地方不对劲儿。

尽管他们有足够的收入来源，却越来越难以找到时间和家人一起享受生活，为自己的将来做计划，并关照自己的健康。

当他们聆听了有关极简主义的演讲后，他们意识到，那些一向被他们称为"优先考虑"的事情，与他们实际所做的事情之间存在着脱节。

雪莉说："我们意识到，我们一直在拖延对我们来说是最重要的事情：与家人共享时光，给予他人帮助，在信仰中获得成长，照料我们的健康，为积蓄和退休拨出足够的资金。我们牺牲了这一切，只是为了保有我们的房子和面子。我们很诧异地意识到，我们花在为客厅挑选沙发上的时间，甚至比关照自己健康的时间还要多！"

他们决定采取行动，简化他们的生活。他们变卖、送出了大部分物品，搬到一所比原来小很多的房子里，就在原来那栋豪宅的对面。

结果怎样呢？在极简化处理之后，戴维和雪莉庆幸，自己终于过上了优哉游哉的全新生活。他们终于能够优先关注生命中最重要的事情了：他们的家庭，他们的信仰，以及内心的安宁。

不过，他们的故事并未就此结束。一旦卸下了照顾不必要物品的负担，戴维和雪莉开始对生命有了新的热情。戴维发现了自己对写作的热爱，雪莉开始意识到，自己非常关心那些贫困家庭，并最终将自己的法律工作从诉讼转为调解。他们两人都希望为孩子们留下一笔更有意义的，超越房屋大小的遗产。

之所以受到极简主义的吸引，是因为他们意识到，自己的生活方式与价值观并不匹配。但是，通过尝试过极简主义的生活，他们却发现了令自己充满热情的全新领域！

勇敢地追随自己的心

我在第一章就讲过，极简主义的终极益处就是，它能满足你内心最大的热情。不过，现在，我们发现其意义更为深远，因为极简主义实际上能够向你揭示（或至少澄清），那些热情究竟是什么！

开始启动，勇敢尝试吧！让极简主义澄清你的目标和价值观。与此同时，让我们牢记，极简主义的目标并不仅仅是拥有更少的物品——极简主义的目标是卸下我们生活的负担，从而让我们获得更大的成就。

最后，你自己对极简主义的尝试，无疑会与其他任何人都不同，这是因为，你的生活本身就与其他人完全不同。你可能有个大家庭，一个小家庭，或者没有家庭。你也许生活在农场里，住在大房子里，或者住在小型公寓里。你可能喜爱音乐、电影、运动，或者书籍。你也许从事着某种艺术工作，也许没有。也许你相信，自己来到这个世界上就是为了举办美好的晚宴，或者把自己的家提供给别人休息、放松。

尽最大的能力，利用所拥有的资源，去追随自己的热情吧！通过清除那些阻碍你实现梦想的障碍，尽最大的努力实现目标吧！最重要的是，找到适合自己的极简主义生活方式——一种轻松坦然、令人自由释放的方式。

请留意，你对极简主义的定义并不会在一夜之间出现，你需要花时间才能发现它。当你的生活发生改变，它也会有所改观，甚至是发生巨变。

在整个过程中，你可能会犯错误。正因如此，这场极简主义的旅程，需要你保持谦逊的态度。

最终，你会将不需要的东西从自己的生活中清除掉。当你这么做的时候，就是在为那些真正重要的事情找到更多的空间。

发现真正的自己

据说，马克·吐温曾说过："你整个生命中有两天最为重要，你出生的那天，以及你明白自己为什么出生的那天！"

在此，我可能要再加上第三天：你舍弃一切阻碍与干扰，决定全身心地追求个人目标的那一天！

当设计好简化生活的方式之后，这一切就会更容易实现。这个过程对你也会更舒适，你也更有可能坚持下来。这一切会将你彻底释放，令你能够自由表达自己，并成为命中注定应该成为的那个人！

那么，到底该如何实现这一切呢？

如果你想要厘清自己的生活目标，我的建议是，先从审视自己开始——深刻地理解你的才华、能力、弱点，以及能够让你热血沸腾的事情到底是什么。为了帮你实现这个目标，请拿出一张纸，写下你对这些问题的答案：

1.无论是美好的还是糟糕的，有哪些经历曾改变了你的生活？

2.在自己最令人瞩目的成就中，你能发现哪些共性？

3.在这个世界上，你最想去解决哪些问题？

4.如果金钱不是需要考虑的因素，什么样的工作最能吸引你？

5.在生活中，有哪些梦想是你最后悔没有努力追求的？

6.你希望自己能为世界留下的、最永久的遗产是什么？

7.你在生活中最欣赏谁？这个人有哪些特点你最希望效仿？

在阅读这本书的过程中，请继续发现并定义你的热情所在。

有关生命中的伟大梦想这一主题，在后面的章节，将会愈发重要，并在最后一章达到高潮！

不过，此刻，让我们意识到，你来到这个世界，并不是为了去过别人的生活；你来到这个世界，是为了活出你自己。

所以，今天，就请下决心，通过发现那种最适合你的极简主义生活方式，你就有可能成为最好的自己！

　　从第六章开始，我将给予你一些实用的建议，让你去践行自己特有的极简主义模式。

　　在那之前，我们还需要坦率地面对自己必须与之抗争的东西：消费主义宣传的"拉动"，和内在物欲的"推动"。

第四章

拨开消费主义的迷雾

　　我儿子五岁生日时，镇上一家很受欢迎的玩具店送给他一张礼品券。

　　"你想从玩具店里买什么，萨姆？"我问他。

　　萨姆毫不犹豫地说："滑板。"

　　我知道他想要滑板有一阵子了，现在，他有足够的钱去买一个了。于是，我们跳进车子，直奔玩具店。按照我的想象，这件事应该很快就能搞定：挑选滑板，去收银台付款，就可以开车回家了。但是，实际情况完全不是这么回事儿！

　　当我们进入玩具店后，萨姆立刻就被带进了一个五光十色的世界。他似乎痴迷于那里所有五颜六色、形状各异的物品，以及货架上不计其数的玩具。他想仔细看看、摸摸所有的玩具：蜘蛛侠的人偶、乐高玩具、闪闪发光的电子产品，还有其他所有的玩具！

　　幸运的是，我抓住了他的手，拉着他在玩具店里穿行，终于找到了滑板。当我们穿过货架通道时，正好路过一个恐龙主题的展示区。我立即意识到事情不妙，因为那阵子萨姆正痴迷于那些早已灭绝了的爬行动物——像他这么大的孩子好像都经历过这个时期。

他在一个外观像洞穴、还能弹出来的帐篷前停下脚步。这个玩具包装盒上的画面，就是个一个小男孩在帐篷旁边玩恐龙玩具的场景，男孩的脸上仿佛笑开了花儿。

萨姆严肃地对我说："老爸，我想要这个帐篷。"

"但是，你为了买滑板都存了好几个月的钱了。"我提醒他说，"而且，你几乎用不着这个帐篷——它并不是恐龙。"

我们俩为此反复讨论了好一阵子，他向我解释，为什么这个帐篷对自己的幸福至关重要，而我则努力向他说明，买帐篷为什么是个错误的决定。

最后，我跺了下脚。"萨姆，我们不会买那个恐龙帐篷的。就这么定了！"

当我把他从恐龙展区拉走的时候，他都快哭了。但是，只过了一会儿，当我们按照计划买好滑板走出玩具店的时候，萨姆露出了微笑——在未来几年里，他可以无数次地跳上滑板，尽情地玩耍了。

后来，我仔细思考过这次购物经历。我意识到，在购买和拥有物品的时候，我们中有多少人就像五岁的孩子一样啊——我们只是被某种商品的魅力俘获，而不考虑一旦拥有了它，我们是否会在很长时间里需要或者喜欢它们。

产生这种情况的一大原因，就是那种以消费为导向的社会理念。

　　消费主义在我们身边无所不在，如同我们呼吸的空气一般，而且，它也如空气一样，无影无形。有种理论说，如果我们想要感到幸福，就一定要买！买！买！

　　我们甚至都不清楚自己受它的影响有多大！正如我们在下面一章将看到的，我们的内在愿望会与外在的信息相互影响。最终，我们会感觉，消费主义对我们来说是很正常而且很自然的事。于是，我们加入了消费主义的狂欢，尽管我们偶尔也会怀疑，这一切也许真的有些不对劲儿！

　　克服这种消费主义趋势的关键在于，我们要刻意地审视自身的盲点，看清自己真正忽略了什么。

　　我们必须要衡量消费主义宣传的范围，并且，观察消费主义是如何彻底地渗透进公众语境和个人视野的。我们也必须承认，自己已经受到了消费主义的影响。只有这样，我们才能站出来反对消费主义对大众生活的影响。

　　我要提醒你的是，识别并拒绝消费主义并不容易，但其产生的效果完全值得我们付出努力。揭开消费主义谎言的面纱，会使我们发现可以信赖的幸福源泉。

消费主义 ≠ 幸福

趋向贪婪与物欲，向来都是人性的弱点。但我们今天所了解的消费主义，却是一个相对现代的现象，追溯起来仅有一百年左右的历史。我在这本书里通常会用自己的国家——美国来举例。在其他发达国家，人们也会听到类似的故事。

在20世纪20年代，当美国被滚滚而来的财富浪潮淹没时，广告商们开始有意在公众的脑海里将对物质的拥有与幸福联系起来。在这个过程中，广告商们甚至得到了心理学领域专家的推波助澜。

欧内斯特·迪希特，一位研究弗洛伊德精神分析法的心理学家，就帮了广告商的忙。他说："在某种程度上，必须持续地刺激人们的需要和需求。"

同样的理论现在仍在发挥作用，正如一篇文章所解释的：

现在，拥有一台Ipad，完美的假期，或者最新款的运动鞋，都已成为人们获得尊重的先决条件。某些特定品牌的啤酒，都成了友谊和归属感的代名词。一座超大的房子，直接指向了人们的身份地位，成了你收入的证明，显示出你有能力为家人提供高质量的生活。

当然，所有这些都是广告商们臆造出来的概念，当我们购买的东西大大超过自己的需要时，他们的客户就会实现盈利。

广告商们成功地利用了我们获得"拥有感"的欲望，直至今日，"购买物品"与"获得幸福"，几乎被视为同义词。就好像生命的目的就是为了自我满足，而购买物品是其唯一的实现途径一样。

实质上，我们并没有认真地考虑过这个问题——我们只是如此假设。

让我们一起思考一下这种理念到底有多大的说服力。我们生活的大街小巷到处都是市场和零售店。我们用国内生产总值、贸易逆差、消费者信心指数和通货膨胀率等衡量我们的国民幸福。

我们生活的每个角落都被商业化了，甚至连国家公园也被商业化了。当我们选择国家政治领导人时，几乎仅仅考虑他们承诺为经济的健康发展做出什么贡献——美元符号和平方英尺数定义了我们的美国梦。

为了使消费主义更加令人难以拒绝，我们这个时代一些最优秀的人利用一切可以发明的工具，把我们打造成为更加贪婪的消费者——购买新产品从未变得如此便捷——简单到只需按一下按键。

近来，随着通过技术收集个人信息的机会越来越多，目标营销使销售者的行为变得更有针对性。他们不再仅仅知道我们的年龄、性别和婚姻状况，今天的企业甚至了解我们的身价，我们的个人喜好，我们的购物习惯，以及我们最喜爱的图书和电影。

他们知道我们在哪里消费，什么时候消费，以及如何消费。他们记录下每一条从我们的智能手机或者网络浏览历史中收集到的数据，然后，他们每天利用这些数据来对我们的弱点进行分析。

在某种意义上，市场营销人员甚至比我们本人更了解自己。他们夸大了我们的不安全感和不满足感。有时，你会感觉到，整个社会彻底绑架了人们的热情，并将它指向了某种产品。

为什么是这样呢？因为消费从来无法实现让我们感到满足或者幸福的承诺。恰恰相反，它偷走了我们的自由，结果，令我们对拥有更多物质产生越来越难以抑制的欲望。它也为我们带来了负担和悔恨，它甚至分散了我们的注意力，使我们无法关注那些真正能带来快乐的事情。

简单地拒绝消费主义，并不会带给我们幸福。心理上的匮乏，只是一种虚空的状态。真正重要的是，我们用什么来填满那个虚空。拒绝消费主义可以使我们不再受到欺骗，并有可能让我们找到真正的幸福，无论每个人对幸福的定义是什么。

时代对个人的影响

中国艺术家宋东，曾在一个名为"物尽其用"的展览上，展出他已过世的母亲所收藏的家居用品。

展品中包括他母亲毕生收集的全部物品：杯子、罐子、带子、牙膏袋、衬衫、纽扣、圆珠笔、瓶盖、书包、盒子、绳子、领带夹、饭碗、手包、跳绳、毛绒动物和娃娃——总共一万件物品。开始展出时，每件物品都被放在北京那只有几十平方米的家中(房间太小了，到处是展品)。

几年后，当我在纽约现代艺术博物馆看到这些展品的时候，我的情绪几经起伏。

首先，我的情感反应是困惑。为什么有人会保留20个空牙膏袋，或者几百根绳子呢?

其次，我感到惊讶。这些东西是怎么放进那么小的房子的?

第三，我觉得厌恶。这种生活方式多么可怕啊! 看看家里那些东西吧!

但是，最终，我觉得甚为感激!

你看，我开始理解到，这些展品所展示的并不是囤积的状态，而是在中国经历过战争、实施配给制、饥荒、上山下乡，以及物质匮乏时期的那一代人的生存哲学。

对于宋东的母亲来说，拥有任何一件物品的感觉，就像是获得了生存的前提条件。在我看来几乎是病态的囤积行为，实际上是对外部动荡生活的一种理智反应。

我从未经历过宋东母亲经历过的全球性的经济危机和社会动荡。所以，我并不觉得自己需要保留一切物品，去为饥荒或者匮乏做准备。我可以自由地选择过拥有更少物品的生活。为此，我深为感激。

直到今天，每当我观察到不同年代和生活背景的人们是如何与物质拥有发生关联时，我依然会想起宋东的展览。因为对我们每个人而言，我们何时出生，我们今天处于什么人生阶段，我们经历过什么以及正在经历什么，都会塑造我们与物质的关系。

你所属的年代有着怎样独特的消费主义风格呢？关注这个问题，对我们很有帮助。

从任何意义上来说，基于不同年代的分析都不算是一种精确的科学分析。但是，它却能提供一些能够帮助我们了解自我的普遍启发。识别你是哪个年代的人，然后，开始思考这个年代是如何影响你对积累和消费的态度的。

·如果你出生于1928~1945年，你属于"沉默的一代人"。

·如果你出生于1946~1964年，你属于"婴儿潮的一代人"。

· 如果你出生于1965~1980年，你属于"第X代人"。

· 如果你出生于1981~2000年，你则是"跨世纪的一代人"。

消费主义与"沉默的一代"

"沉默的一代"，生长在大萧条和第二次世界大战时期。他们这一代人对物质的态度就是"不要浪费！不要浪费"，这种哲学与宋东的母亲所展现出来的理念很相似。

在这代人的成长过程中，他们购买那些能够使用很长时间的东西。他们成年后，美国经历了高失业率时期和旱灾，而后又经历了世界历史上最为艰苦的一场战争。这一代人勤俭度日，因为他们不得不如此生活。

今天，"沉默的一代"中，还在世的人大多已年逾古稀。他们开始搬到更小的房子里居住——有时是他们主动选择这么做，有时则是不得不如此。但无论如何，他们几乎都觉得心情压抑而沉重。

这就能帮我们了解，为什么像"全国老人搬家协会"这样的组织，在帮老人们清理物品时会那么困难。特别是如果他们已在一所屋子里住了几十年，那么，想让他们抛弃某些物品，就更为艰难了。

如果你属于这代人，你可能要面对缩减物品数量的需求。极简化对你来说不仅有好处，而且，也是必须要做的事。

　　现在，对你来说，抵制消费主义者让你购买更多物品的诱惑，要比以往显得更重要。请牢记年轻时你所过的简单生活的体验，并拒绝那种无所不在的对物质的占有欲。无疑，摆脱了过多物品带来的负担，在有生之年，你会过得更加平静而有意义。

消费主义与"婴儿潮的一代"

　　"婴儿潮的一代人"，是指出生在第二次世界大战之后的那代人，他们与"沉默的一代人"所处的世界完全不同。

　　第二次世界大战结束后，由于大批的退役军人从战场上归来，以及超高的出生率，美国面临着严峻的住房短缺。越来越多的人在城市边缘的郊区建设住宅，结果就产生了伴随着这种生活方式而来的文化冲击，这代人成为第一代主要在郊区长大的人。

　　这代人获益于一个繁荣的时代。在"婴儿潮这代人"的生命中，女性开始以创纪录的数量离开家外出工作。在美国历史上，家庭首次拥有了两份收入，可支配的收入也达到了新的高度。战后的乐观主义也带来更多的发展机遇。

　　现在，"婴儿潮"出生的这代人的孩子们也长大了，开始成家立业。他们这代人也已经到了退休的年龄——人数之多足以创纪录。许多人选择削减开支，希望他们的钱能够维持自己梦想的、并为之努力工作多年的退休生活。极简主义可能并不会自然而然地走入他们的生活，但是，他们已开始意识到这种生活方式的好处。

如果你是"婴儿潮这代人"，你可能会质疑"购买＝幸福"这个等式。尽管你可能很享受过去在郊区大房子里的舒适生活，也许，现在你已更多地考虑人生的价值，而不是拥有物品的价值。也许，你更希望能留下更有意义的遗产，而不是增加一堆物品。

如果是这样，让我向你保证，你的思路是正确的。

这代人为社会的许多领域都带来了变革，此外，他们还保有一种能力：改变自己对物品和消费的看法！

消费主义和"第Ⅹ代人"

"第Ⅹ代人"——与我同时代的伙伴们，社会常常给这一代人贴上愤世嫉俗、自我主义的标签。在许多方面，我们都身处美国消费主义的高峰，并愈发意识到我们拥有过多物质究竟意味着什么，我们正努力从中找出一条新路。

"挂钥匙的孩子"这个词，就是被用来形容我们的童年的。我们生长在父母都要工作的家庭中，他们尽管有更多可支配的收入，但却很少有时间和精力陪伴孩子。我们的父母在郊区购买了房产，但却是以不能与家人共进晚餐为代价。

"第Ⅹ代人"在技术革命的时期长大。我们中的大多数人在上幼儿园时，学校里根本没有电脑，我们在文字处理机上学习打字，大学毕业时则用电子邮件给教授发送论文。由于奉行个人主义，以及对各种组织、机构的不信任，我们这代人一生可能要换很多次工作，这让我们的祖父母一辈根本无法理解。

但是，孩子总有办法改变成人。"第X代人"现在已经步入中年，正在养育不同年龄的子女。大多数"第X代人"正在效仿他们成长过程中父母的教育模式，从"挂着钥匙的孩子"变为"乘直升机的父母"。

而对那些已经成为祖父母的"婴儿潮一代人"，他们习惯以购买礼物表达自己的爱，所以，"第X代人"的家里很快就堆满了各种额外的物品。

如果你是"第X代人"，你可能马上就能达到收入的最高峰。你可能比以往的任何时候都能享受到消费主义的"优势"。但是，请注意，千万不要被愚弄了！你应该明白，过度积累的物品已经开始使你的生活变得更糟。

消费主义和"跨世纪的一代"

从某种意义上说，极简主义是"跨世纪的这代人"很自然的一种生活方式。

"跨世纪的这代人"是技术革命后出生的第一代人（没有迹象

显示技术革命会放慢步伐）。他们的世界更小，他们希望能通过技术与彼此之间随时保持联系。咖啡馆已经成了新的办公室，合作已经成了新的竞争，移动性已成为新的稳定性。

这一代的许多人都会告诉你，在塞满物品的房子里享受自由的生活方式，简直是太难了！

在所有年龄组中，这代人的环境意识最强，这在很大程度上也影响了他们的购物习惯。技术互联性已经为共享经济带来了新机遇，其中，资产（自行车、汽车、房屋）已经不再由个人拥有，而是共同分享。

此外，互联网已经建成了一个全球范围的跳蚤市场。当人们只需按一下键就可以让几乎所有的物品24小时之内送货到家，那就没什么必要在自己家里囤积大量的货品了。

极简主义对"跨世纪这代人"很有吸引力。当今的设计趋势也使这一运动具体化了。技术的发展使我们比以往更容易拥有更少的物品。这种极简主义的生活方式也符合许多这代人内心深处的价值观。

不过，值得注意的是，这代人是在经济危机时期从大学毕业并进入职场的。当时的低就业率再加上创纪录的学生贷款水平，使得这代人即便想成为消费主义者，他们的可支配收入也很少。

我们现在还不能确定，究竟是他们成长过程中的经济因素把他们塑造成天然的极简主义者，还是未来的经济增长，将会使他们滑入上代人曾经陷入的"过度拥有"的陷阱。为了"跨世纪这代人"好，我倒由衷希望第一种情况是真实的。

如果你就属于这代人，为什么不过一种全新的、自由的极简主义生活呢？实际上，你比任何人都更有条件过这种生活。

对我们每个人来说，了解自己属于哪个时代，将帮助我们了解消费者的历史背景。这也更有助于我们认清一种几乎每个时代的美国人都容易有的危险态度：过度拥有＝成功。

你在赞美什么

我们的世界为成功者喝彩，的确也应该如此。我们完全应该赞美那些能够发挥才干、努力工作、克服阻碍的人。

但不幸的是，我们的社会也同样迷恋"过度"。我们并不是首批膜拜炫耀性消费的人，但却是将这种做法提升到新高度的一群人。在美国，你可以看到，时尚杂志以曝光富豪、名流生活的种种细节为荣，新闻出版物也根据身价将人们分为三六九等，电视真人秀为那些生活奢华的人鼓掌喝彩，互联网也竞相用无数看似成功者的故事来吸引读者。

我们在自己的生活中也同样如此。我们评论着附近社区住宅的面积大小，我们对停在旁边车道上的豪华车指指点点，我们羡慕时髦的衣饰和名牌手袋，我们幻想着因为富有而过上一种没有约束的生活。

有些人看似拥有一切，而我们也渴望过上他们的生活。在我们的内心深处与情感世界中，艳羡着那些拥有过度物质的人。

但是，我们犯了一个大错。

成功与过度并不是相同的概念。

对财富的占有通常是随意的。有时候，人们通过努力工作和执着追求获得经济上的收益，但情况并非总是如此。有时候，经济方面的富有是继承、不诚实的行为，或者纯粹好运气的结果。在那些情况中，富人并没有因为他们的财富而获得赞誉。

此外，就算我们不考虑富有的人是如何获得财富的，过度购买也很难被视为最明智的消费方式。仅仅因为我们拥有可以负担某些物品的金钱，并不意味着这些东西就是我们的最佳选择。那我们为何还要继续为那些自私地挥霍金钱的人喝彩呢？

我们这个世界参照的是一种错误的评分标准。那些生活在过度物质包围中的人，并不一定是拥有最幸福生活的人。通常，那些过着平静、简朴和自足生活的人，才是最幸福的人，那才是值得我们喝彩的生活选择，才是我们应该仿效的生活模式。

然而，这种对成功的定义，对我们大多数人来说是全然陌生的。

如何才能转变过度拥有的心态呢？消费主义占领了我们的头脑与心灵，这到底揭示了什么呢？

我们钦佩成功，但并不为过分与无底线喝彩——学会了解这二者的区别，将改变你的一生。

学会如何更聪明地应对那些只想说服你购买更多东西的促销手段，也将改变你的一生！

买！买！买！

我们热衷于购物。想要证据的话，只需看看每年的"黑色星期五"就够了！

在美国，感恩节——通常视为对我们所拥有的一切表达谢意的节日——已经成为一个家庭参与全年最大购物季的日子，超过1.4亿的美国人希望在"黑色星期五"的那个周末去购物。仅在这个节日中，美国人的消费就超过6000亿美元。

很明显，市场营销人员和广告机构都出色地完成了自己的工作。2013年，美国的市场营销人员全年在媒体广告（数字媒体、杂志、报纸、广告牌、广播、电视）上就花费了1710亿美元。

如果你觉得自己对广告的影响有免疫力（或者说，你实在太聪明了），就大错特错了。企业耗资1710美元做广告，可并不是"希望"影响你；他们花1710亿美元做广告，是因为他们"知道"将会怎样影响你！

当然，他们并不希望你了解这些。实际上，你越是相信自己没有被广告商影响，他们的工作就做得越出色。没人愿意轻易被一个心怀叵测的陌生人影响。正是出于这个原因，大多数成功的广告宣传活动都努力地通过与我们的潜意识创建某种正面的联系，从而让我们对它印象深刻。

他们巧妙地承诺，我们的性生活会因为用了他们的古龙水而得到改善，我们的声誉会因为买了他们的汽车而提升，我们也会因为购买了他们的保险而更有安全感。

他们通过各种途径实现这一目的：企业标识的颜色，产品放置在屏幕上的位置，社会名流的推荐，甚至是广告片中人物眼神的方向和瞳孔的大小……

但是，市场营销人员所使用的专业工具，远远不限于广告片和广告歌曲。媒体营销是一门艺术，但它不只是一门艺术。影响我们消费的广告活动深深扎根于科学之中，也建立在对如何操控我们大脑的深入理解上。

以下是一些在零售界中最常见的营销手段。这些方法都非常普遍，一下子就能识别它们。在阅读的时候，你一定要牢记那些经过特别设计和应用的方式，其目的就是说服你买、买、买……购买更多的东西。

· 会员积分和会员卡：如果我们在店里花一定数目的钱，商家为我们提供免费的奖品。他们经常会通过打折信息促使我们购物，或买一些并不需要的东西——实际上，我们累计更高的积分只是为了得到换取奖品时的满足感。

·信誉卡：如果今天登记注册，这些卡片可以为你购买的商品提供一定的折扣——这对发卡的商家来说效果不错。调查显示，如果你手中有那种卡片，你的消费将是平时的2倍。而且，商家还会收集你全部的个人数据和消费习惯信息。

·限时特价：市场营销人员总是定期营造出一种紧张的氛围，促使我们马上去购物——特价商品的限时销售！打包优惠即将结束！剩余座位有限……种种说辞都迫使我们立刻做出决定。而通常情况下，我们所做的决定都是错误的！

·可调低标价：JCPenny的首席执行官被炒了鱿鱼，因为他决定撤销店里商品的售价。他的策略是：始终为店里的商品设定尽可能低的价格——没有促销，只是低价商品。不幸的是，由于销量暴跌，这种策略失败了，降低原本的售价导致销量更低。

怎么会这样呢？最终，研究人员发现，与那些没有贴上"减价"标签，但价格一致的商品相比较，消费者更可能去购买标有"减价"标签的商品。

他们进一步推测，大多数消费者从始至终就对产品的成本没什么概念。通过人为地将原本的价格提升，零售商可以诱使消费者相信，自己用很划算的价格买到了这件商品，尽管实际情况并非如此。

· 对比定价：餐厅经常会在菜单上标出一两个价格高得离谱的
菜品，尽管他们很清楚，很少有人会点这些菜。通过设定一个范
围内的最高价，使得其他菜品的价格看起来便宜了不少。在零售
行业中也经常能看到，一种商品的价格大大高于其同类商品（如
大屏幕电视）。商家利用的就是这种贪便宜的心理。

· 诱饵定价：许多百货商店经常使用这么一个把戏（尽管并不
只有他们这么做），他们会用某件打折的商品将你吸引进门。尽管
商家在打折商品上受了些小损失，但是，当你离开店铺时，买的
东西肯定不只一件。

· 免费样品：对于购物者来说，免费的食物样品可以给我们提
供一个有趣的机会试吃零食，或品尝店里主推的特色食品。但对
于商家来说，这么做其实还有更深层的策略。每当我们免费试吃
的时候，潜意识里就会释放出"饥饿"的讯号，大脑也开始关注
食物。某些调查显示，40%的接受店内样品的人，最终会购买一
种食物，尽管他们最初并没有计划买它。即便你只是顺路买了某
种特色物品，这家店铺依旧成功地促使你花了钱。

· 建筑及卖场布局：我们大家都知道，百货店会将主食、奶制
品、肉类和烘焙食品放在对角线的位置，令顾客必须走过整个店
铺，这就为商家提供了更多吸引顾客注意力的机会。不过，你可
能不知道，在布局上，购物大厦往往故意迷惑购物者，从而鼓励
他们花更多时间浏览商品并冲动消费。

还有，他们特意把奥特莱斯商城建在主要城市的郊区，也是为了鼓励购物者停留更长的时间，花更多的钱，因为人们此行是"特意"到那里购物。几乎每家零售建筑都体现了一种特定的设计策略，就是为了呈现出我们的消费主义倾向。

这些只是市场营销人员迫使我们购买额外商品的几种方法。想想那些零售店（和其他行业）为了鼓励你购物都花了多少心思吧！这种与消费者的激烈战斗每天都在上演。如果意识到这些"内幕"，你就能更迅速地注意到它们对你的影响。

除此之外，识别个人的弱点和触发点，对你来说也很重要。是否有一些店铺会诱使你进行不必要的购物呢？是否有一些商品、个人嗜好或者定价模式（如清仓甩卖），能促使你立即做出反应呢？又或者，当你被某种特定的情绪所困扰——如伤心、孤独、悲伤或者压力，更容易陷入盲目消费呢？

美好的解放

为了撰写一篇有关消费、养育子女、礼品和慷慨主题的文章，记者玛格·斯巴克对我进行了电话采访。我们在电话中聊了大概45分钟，采访结束后，我觉得，我们大概不会再有什么联系了。

而这次谈话对电话另一端的人产生了怎样的影响，我对此一无所知。

过了几天之后，我收到了玛格的一封邮件。我本以为是一封跟进邮件，或者请我澄清某个问题。但是，她却说起了那次谈话后她的财产观念产生了怎样的变化。

她写道："乔舒亚，我太喜欢上周和您的对话了。我们聊过之后，几天时间里，我就处理了大约1000件物品——就是如此简单，简直太吓人了。"

在子女们的帮助下，玛格把她位于北卡罗来纳州达勒姆的家彻底地检查了一遍，处理掉了所有不再需要的物品。不久后，他们向当地的慈善组织捐献了许多家居用品，塞满了许多书包和纸箱……

我喜欢听到这种故事，我希望玛格跟我分享更多关于极简生活的经历。

我们首次谈话的三个月之后，玛格又给我发了邮件。这次，她是在达勒姆的南点商厦给我写信。她约了朋友吃午饭，自己到早了，就来到这个熟悉的商厦里逛逛。不过这次，她以一种全新的视角去观察那些以往吸引她注意力的商品：克莱尔的珠宝、诺德斯特龙的靴子、西斯尔的白色牛仔夹克……

她在邮件中这样写道："乔舒亚，这也许是有史以来第一次，我走过整个商场却什么也不想要。恰恰相反，这一次，我体会到一种完美的满足感——知道自己已经拥有得足够多了。那种感觉，就像是获得了一种美好的解放。"

　　实现这种解放，需要每个人都能认清并抗拒消费主义的诱惑。这也要求我们将目光转向自己的内在，以发现人性中的缺陷与弱点。

第五章
从你拥有的一切中发现幸福

一天傍晚时分，安东尼和艾米·昂伽若夫妇在讨论他们的财务状况，他们越聊越觉得沮丧。有亲戚邀请他们夫妻一起去旅行，他们也确实想去。但对他们来说，这种远行看起来有些太昂贵了，他们的银行账户上没有足够的钱来支付此笔的费用。

"这是怎么回事，每当我们有机会去做一件多花几百块就能实现的事时，却做不了呢？我就是不明白！"艾米说道。

"我知道，"安东尼也表示同意，"这并不是说我们俩都没有好好工作。我们也有钱入账，可是，钱都跑到哪里去了呢？"

正在这时，门铃响了。安东尼过去开门，正好看到一名快递员开着辆棕色货车走了，门口放着某知名购物网站的快递包裹。

安东尼的眼睛一下子亮了，这肯定是他订购的那款号称"坚不可摧"的手机壳，又或者是他一直期待的便携式充电器。

他满脸兴奋，在艾米面前打开了包裹。果不其然，就是那款手机壳。

安东尼聚精会神地检查着自己新买的东西，并没有注意到艾米变得沉默不语起来，坐在那里一动不动。她一直在思考，最后，她对安东尼说："也许，这就是我们不能去度假的原因。"

"什么？就是这个手机配件吗？亲爱的，它只要35美元。"

"不仅仅是这个，而是这个手机壳和你在网上订购的所有东西。"

"我的确喜欢网上购物。"安东尼承认了。

在喝了些茶之后，这对夫妇上网将他们过去四年中在网站上的订货记录都调了出来，结果令他们大为震惊！他们在那个时期花了1万多美元，而且，几乎都花在了价值低于40美元的小件物品上！这些物品对他们来说并没有什么重大的意义。甚至，此前安东尼和艾米都不记得他们具体买了些什么。

难以置信地盯着购物清单，昂伽诺夫妇开始了更深入地自我检讨——这对没有子女、有两份收入的夫妇没法负担任何对他们真正有意义的东西，主要原因就是——他们花起钱来太草率、随意了。

每隔几天，他们就会在网上买些小东西，这种行为产生的多巴胺能让他们在短时间内感觉良好。不过现在，他们终于看清了，那种积少成多的不良购物习惯是多么具有灾难性。

如果我们想从更少的物质中获得更丰盛的生命体验，就需要向心灵内观，审视我们做出购买决定的动机是什么。

我们在上一章里看到，市场营销人员和普遍的社会氛围是如何影响我们的购物、消费习惯的。社会的压力的确很大，但是，如果我们将所有的指责都指向外部因素，我们的分析也是不充分的。

实际上，许多指责（抱歉，我必须指出这一点）都应该落在我们自己身上，没有人强迫我们购买那些可有可无的商品，是我们自己决定过度花费、过度囤积的。

你同意吗？

对你来说，购买过多的物品可能有许多原因。正如昂伽诺夫妇，可能只是为了片刻的满足而去购买物品。在本章中，我将分析你可能持有的其他动机。例如，你可能为了满足自己的基本需求而购买物品，如安全感、接受感，或者满足感。

但是，我想指出的是，所有这些动机其实都存在同样的致命缺陷：你正从不需要的物品中寻找应从其他途径获得的东西。难怪你会感到上当受骗，失望之极！

我将向你做出承诺：一旦了解自己购买不必要物品的原因——促使你购买的潜在动机——那么，你就会战胜拥有更多物品的贪念。你将能够发现真正的幸福所在，通过极简主义的生活方式追求生命的意义。

不过，刚开始的时候，正如那些顾问爱说的：我的朋友，你还有些内在的工作需要做！

极简主义的镜鉴：学会舍弃

在第三章，我向你解释了，追求极简主义可以帮助我们揭示生命的意义。当我们开始抛弃那些不需要的东西，这一过程本身就迫使我们进行自我发现，并让我们坦诚地面对隐藏在内心深处的动机。

当我和金一起审视我们的家，开始清除额外的物品时，我们把许多东西都送给了慈善机构和本地其他的慈善组织。当我们第一次将塞满了一面包车的东西送到慈善机构后，那种感觉真是太棒了！

于是，我们又送了第二次、第三次。每次行程结束后，我们都感到更轻松、更自由。在下一章里，我将更多地谈及捐赠的价值。

但是，直到我们把第四车不需要的物品送到收集中心的时候，我们开始问自己一个很难回答的问题，那就是：“我们到底为什么拥有四车根本不需要的东西呢？我们当初究竟为什么要买这些东西呢？我们当时究竟是怎么想的？”

最后，我开始对自己说，也许我比自己想象的更热爱物质；也许我比自己想象的更容易感受到这世界传达的信息。尽管我一再否认，也许，我正试图从自己拥有的东西中找到幸福。也许，我曾相信过许多谎言！

这些就是对那些棘手问题做出的艰难回答，没有人愿意发现自己的这些方面。但他们终于意识到——直到你开始学会舍弃物品，否则，你不可能真正拥有什么。

这也正是极简主义对自我发现的重要之处。当我们把杂物从家里清除出去时，我们也就越发了解自己，并为追求更伟大的目标奠定了基础——无论我们自己如何定义那些目标。

　　通往极简主义的旅程和深思熟虑后的自我评价，能帮你揭示关于安全感的内在动机。这是人类基本的三种需求之一，一旦我们以错误的方式追求它，就会导致对物质的过度积累。

警惕！别成为物质的奴隶

　　请问自己这样一个问题："之所以购买过多的物品，是不是因为，在内心深处我会觉得这些东西能将自己与这个不安的世界隔离开，从而不受伤害呢？如果真是如此，我又付出了怎样的代价呢？"

　　在我们的社会里，有许多人坚信，拥有更多的财物才能拥有足够的安全感。当然，那种想法也有一定的道理。食物、水、衣物和住所等，是我们生存所必需的。但是，事实上，真正为人们生存所需的物品其实很少，而我们大多数人已经拥有了那些东西。

　　事情的真相是——我们总是将需要与欲望、安全与舒适混为一谈。结果就是，我们中的许多人以"满足安全感"的名义囤积了大量物品。而事实上，我们是在积累舒适感。我们夜以继日地工作，购买林林总总的商品。然后，不得不建造（或购买）越来越大的房子来储存它们。

拥有丰厚的收入和可观的存款，可以说是许多人的梦想。我们处心积虑地想获得这一切，因为我们相信它们能带来长久的安全感。如果我们必须以牺牲生活的其他方面作为代价，比如，家庭生活和友谊，那也只好如此了。

一天，我收到了一封令我感到极为痛苦的邮件，一个女士写道：

我有三个儿子，同时还要努力工作。当我在网上寻找赚钱方法时，看到了您的网站。

在过去的15年里，我丈夫和我拼死拼活地工作，想要追求职业生涯的最大发展。经过多年的努力，我们积累了许多财富。开始的时候，我们并不是物质主义者。但是，这么多年过去了，我们的生活越来越奢侈，我们买了一座大房子，甚至还有了一个位于湖畔的小度假屋。

两周前，我们偶然听见八岁的儿子告诉他的朋友："爸爸、妈妈不经常在家，我和他们在一起的时间太少了。"

那一刻，我丈夫和我如遭重击——我们的心碎了！我们拥有的所有这些东西真是值得的吗？当然不是！

我们拼命地想要解决这个问题。我们查看自己的预算，试图将我们的湖边小屋租出去，我丈夫甚至想辞去工作，成为一名"全职老爸"。此外，我也希望能得到您的一些指点。

　　这个女士和她丈夫认为他们需要工作，他们觉得自己需要赚更多的钱，储备更多物品。他们相信，没有日复一日的加班工作，自己的家庭就不会得到安全和保障……直到他们意识到，自己为家庭提供的，与这个家庭真正需要的是多么截然不同。

如何获得安全感

　　我们的生命是如此脆弱，这个世界又是如此难以预测，难怪我们每个人都在拼命地追求安全感。

　　然而，从暂时拥有的物品中，我们永远不会找到持久的安全感。生命中的突发事件太多了——这就是我们总是需求更多的原因，可以说，我们从未获得过真正的安全感。

　　既然我们对安全感的需求是合理的，那么，我们该怎么做呢?

　　我们应该重新审视那些在追求更多物质的过程中，我们经常会牺牲掉的东西：各种关系!

　　玛格丽特·克拉克是耶鲁大学的心理学教授，她认为，安全感来自物质财富和具有支持性的关系。但是，为了得到安全感，人的心理也很容易失去平衡。

　　人是有弱点的社会动物，我们需要各种东西来保护自己。例如，人类的生存需要食物、衣服和住所等，这些都是我们必不可少的。所以，这些东西组合在一起，才能让人感到安全。但如果你对某种安全感的来源看得太重，那么，对其他的心理需求就不会那么关注了。

克拉克教授的这个发现，是建立在她和同事们完成的两个调查和分析的基础之上的。调查人员得出的结论是：那些在个人关系方面无法感受到安全感的人，通常会觉得，拥有物质财富会让自己更有安全感。

如果你囤积过多物品的动机之一，是因为你相信这些东西能带给自己安全感，那么，我鼓励你减少购买，转而花更多的精力与周围的人相处。

与家人和朋友之间的亲密关系不仅会带给你快乐，也会让你在一种充满关怀的人际关系中感到更安全。同时，你自己也会为其他人带来安全感和满足感——这要比建造"私人财富城堡"更有创造性。

所以，不要再过分相信——金钱和物质能够成为安全感的来源——它们永远不会带给你这些。试着将你所拥有的东西极简化，你将被彻底释放，并找到真正的安全感。

追求安全感，是造成我们过度积累的动机之一。另外一个动机，则是获得社会接纳的欲望。

当"正常的"东西是错误的

金和我很确信，孩子们需要戴眼镜了——萨姆和艾丽莎在阅读电子表或小号字体时，开始眯起眼睛。于是，我们最近带他们去看眼科医生，医生肯定了我们的怀疑，建议他们戴眼镜。

孩子们对新眼镜的反应很有趣。

我们的女儿艾丽莎就要毕业了，她选了紫色的镜框，而且好像还有点儿喜欢戴眼镜。她的朋友们说，她戴上眼镜显得"好可爱"。

我们的儿子萨姆就要十岁了，他对戴眼镜这件事感觉如何呢？

当他自己和我们在家时，他并不觉得戴眼镜有什么问题。他能更轻松地使用电脑，能更轻松地读书，他甚至不需要走得很近就能看清挂在烤箱上的时钟。但当他和朋友们在一起的时候，他憎恶戴眼镜，只是在绝对必要的时候才肯戴眼镜——戴眼镜让他在朋友圈里感到很尴尬。

好吧，有些事永远改变不了。我还记得自己像萨姆这么大的时候，同样的事也让我觉得尴尬无比。

我真希望自己可以说，只有年轻人才容易受到尴尬情绪的影响。但事实是，即便我们上了年纪，还是会常常感到难堪，或是害怕自己被置于一种尴尬的境地，唯一的差异在于，如今，令我们难堪的原因变了。

在许多情况下，我们因为没有其他成年人拥有的东西，或者因为没有足够昂贵的物品而感到难堪。那可不仅仅是眼镜的事情了，而是关于汽车、房子、假期和其他自己想拥有的东西。

我想要指出的是，这些尴尬情绪来源于我们对"正常"的理解，没有人会因为"正常"而感到尴尬。只有当我们偏离社会规范的时候，我们才可能感到尴尬。但是，我们对"正常"的理解完全是主观的，是建立在我们身边的社会团体所定义的衡量标准之上的。

例如，我大胆揣测，你和大多数朋友穿着相似的衣服。这倒不是说你们对时装的品位完全一致，而是通常来说，你们衣柜里衣物的数量和质量基本是相同的——你们去购物的店铺都很相似，你们的柜子大小相仿，你们花在同一套服装上的价钱也不会相差太多。

为什么会这样？

这是因为，我们中的大多数人都选择与自己相似的人一起度过私人时间。与这些人在一起，我们会觉得舒服，并且感到被接纳。

但是，当你被拉出了平时的社交圈，你可能会开始注意到那些通常不会让自己反复考虑的事情。

设想一下去参加宴会，或者，与比你的社会、经济地位更高的人一起工作的场景。这些人到场时，穿着时髦的礼服和定制的西装。突然间，你平时感觉没有任何问题的衣服，开始显得不足以应付各种场合。你注意到，它们有些褪色了，旧了，不合身了，或者不如身边其他人穿的衣服昂贵。

就在此时，你开始感到尴尬的刺痛感，并不是因为你穿的衣服与平日里穿的有任何不同，只是因为你对"正常"的意义表达已经发生了彻底的变化。

这种反应是非常典型的。它应该让我们意识到，其实，我们对"正常"的感觉是多么随意。因为我们生活在一种将追求外表、财产与私利视为正常的文化氛围中，当我们在这些领域没有达标的时候，就会觉得别扭与尴尬——

因为自己的衣服是去年的款式而尴尬；

因为自己的车比邻居家的便宜而尴尬；

因为自己的房子比别人家的房子小而尴尬；

为破损的地毯而烦恼；

为过时的居室陈设找借口；

或者，还得解释为什么还没有更换厨房台面……

我们因为所有错误的事情而感到尴尬！但是，社会规范其实并不是我们应该感到尴尬的东西。

如果我们不为服装的品牌而尴尬，而为我们那步入式衣柜的庞大而难堪，会怎样呢？

如果我们不是为了私家车的车型而尴尬，而是将拥有豪车视为理所当然而尴尬，会怎样呢？

　　如果我们不因为房子显得太小而尴尬，而为房间里有大量没有使用的空间而难堪，会怎样呢？

　　如果我们不因为自己拥有物品的品质和数量而尴尬，而因为在追求私欲上花了那么多钱而难堪，那会怎样呢？

　　如果"过度"成了尴尬的根源，倡导慷慨的、负责任的生活方式成了规范，会怎样呢？

　　也许，我们更应该为"正常"感到骄傲。

　　你买过多的物品，花过多的金钱，是因为你想要别人喜欢并接受自己吗？改变一下你对什么是可被接受的，以及什么才是"正常"的看法吧！这会让你从尴尬中解放出来，并获得充分的自由，也为这个世界做些积极的改变。

近在咫尺的满足感

　　对安全感的渴望和对被接纳的追求，是人类两种基本的需要。但我还想强调一种类似的需求：满足感。我们都希望自己能获得满足感，就好像我们得到了全部想要的东西，并觉得非常满意。我们都希望到达那名为"满足"的乐土。

　　人们在各种地方找寻满足感。有些人在寻找高薪工作，但当他们没能获得加薪时，就觉得不满足了。有些人在大房子里寻找

满足感，但每当家里需要改善和维修时，就会觉得不满足。许多
人在百货商场里寻找满足感，相信自己再多买一件东西就会觉得
满足，但当他们满载而归的时候，还是觉得缺了些什么……

　　满足感，就好像是这样的一个目的地——我们每次靠近它，
它就退得更远一点儿。当我们对满足感的理解是关于物质的富足
时，这种情况是不可避免的。那么，有没有可能，是我们一直被
教导去错误的地方寻找满足感呢？

　　如果，恰恰是在我们所寻找的相反方向，才能真正让人发现
满足感，会怎样呢？如果满足感不是为自己囤积物品，而是满足
他人的需要，又会怎样呢？

　　我们需要得越少，我们给予得越多，的确不错。但如果与之
相反，也是正确的吗？如果是我们给予得越多，我们需要得越少
呢？换句话说，如果是慷慨导致了满足呢？

　　那些奉献出自己所有物品的人，更尊重余下的东西；那些付
出了时间的人，会更好地利用剩余的时间；那些捐赠了大量金钱
的人，更会利用他们剩下的钱。

　　当你开始帮助他人，分享金钱、财物和时间时（我们将在第
十一章讨论此话题），你会发现，自己学会了感到满足。这会让你
学会更好地欣赏所拥有的一切，并且，重新认识你是谁，你可以
为别人提供什么。

　　慷慨的人对"过度拥有"的欲望更少。他们能在获得物品之

外找到成就感、意义和价值。他们学会了在自己已经拥有的东西中发现快乐，他们发现了满足的秘密——它是如此触手可及！

所以说，如果一种被误导的、寻求满足的过程过分地刺激了你，我建议你尝试着控制自己。不要陷入"当……时，就会……"的思维模式。例如，当我得到了……我就会觉得快乐。

恰恰相反，请牢记，你的幸福并不依赖于你获得的任何物质，你的幸福只取决于你追求幸福的决心——这也许是你能学到的最重要的人生经验之一。

有许多原因使得金和我选择成为极简主义者，并简化我们的生活。那些杂乱无章的东西令我们备感受挫，我们的财务状况堪忧，我们发现，为了管理、维护那些物品，我们白白浪费了许多时间。我们意识到，我们无法在其中找到快乐。与那些物品相比，其他事物对我们来说更有价值。

当我们开始简化家庭，清除那些不需要的物品时，慷慨就成了一种自然而然的副产品：我们需要处理物品，并很快找到需要它们的人。

当我们这么做时，我们发现，捐赠物品比拥有物品更令人满足。我们对拥有物质以及对许多人所追求的"幸福人生"的看法都得到了彻底的改变——我们不需要更多的东西。我们希望更多地体验在付出与给予中找到的富足的感受。

满足感，就在我们的家中。

在充满关爱的人际关系中找到安全感

你想感到安全吗？你想在周围的人群中感到正常吗？你已经实现了目标吗？——所有这些动机都是自然产生的，它们都没有问题。但是，当我们认为挣许多钱，购买过多的物质将为我们带来这些结果时，我们几乎总会感到失望。

安全感、被接纳感以及满足感，并不是可能驱使你购买过多物品的隐藏动机。当你丢弃的物品越来越多，那些不健康动机就会开始浮现出来。它们可能很难被发现，但对你而言，发现它们非常重要。

有些人购买的物品超过他们应该购买的数量，这是因为他们有一种不满足感，想要努力通过积累物质做补偿。其他人是因为嫉妒朋友、亲戚的生活，于是便努力向他们看齐。而且，别忘了，几乎所有的人都是自私的。

不过，依照我的经验，人们获得安全感、接纳感和满足感的欲望，几乎是三种普遍性的动机。

我们需要识别，到底是什么力量驱使我们做出了购买的决定，因为，只有在那时，我们才能摆脱物质主义干扰我们的力量——

正是这种力量使我们无法获得真正的安全感、接纳感和满足感。

　　需要再次强调的是，这并不是说像安全感、接纳感和满足感这样的事是不好的，只不过，物质能够满足我们那些需求的能力是有限的——这就是为什么我们要改变自己原先的动机：

　　·我们不需要通过购买许多物品找寻安全感，而应在与其他人充满关爱的关系中去找它；

　　·我们不需要通过拥有与别人一样的物品去赢得其他人的接纳，重新定义一下，你心里的成功究竟是什么样子；

　　·我们不需要通过不断地增加物品来追求满足感，而应学会欣赏已经拥有的东西，并将不需要的物品赠予他人，如此一来，满足感自然会出现；

　　控制我们内心动机的争斗从未结束。即便是我们已经追求了一段时间的极简主义，物质主义依旧能够占据我们的心灵。

　　一旦如此，我们能够利用这个机会发现内心隐藏的动机，并重新引导这些动机，由此发现我们真正渴望的幸福，而不是金钱与物质所承诺的虚假的幸福。

　　真正的极简主义之旅，就此开始！

　　以后的内容将变得非常实用，而你的家很快就会面貌一新！在这个过程中，不再需要的物品将会消失得无影无踪，而生命中全新的可能性则会浮现出来。

　　我将向你讲述，如何——

・轻松地开始将物品极简化（第六章）；

・处理家中比较难于清理的地方（第七章）；

・用试验的方法判断出自己实际需要的东西有多少（第八章）；

・养成新的生活习惯（第九章）。

我建议，在阅读的过程中，尝试去实践那些理论。每阅读一章，就从家中清理出一些不需要的东西。再读一章，再清理一些……

如果你尚未开始极简的生活方式，如果你想找到更美好的生活，现在，就是开始的时刻……

第六章
极简，从最简单处着手

　　当我向那些刚刚开始考虑这种生活方式的人谈到极简主义的时候，我几乎能看到他们试图清理自己物品的画面。不过，随后不久，反对意见就出现了。他们问我：

　　"我那些有感情色彩的东西和传家宝怎么办？"

　　"我的书怎么办？"

　　"我孩子的玩具怎么办？"

　　"我怎么处理所有的工艺品？"

　　"我丈夫肯定不会赞成这个主意，我拿他的东西怎么办呢？"

　　问题可谓五花八门，但是，如果我们仔细看，就会发现其中的相似之处。正是这些相似之处，使太多人在通往更自由的生活方式之路上受阻——他们甚至尚未启程。

　　请再次考虑一下这些问题。每个人关注的都是家里看上去最难清理的物品，无论是传家宝、书籍、玩具、工艺品，还是爱人的物品。每个提问者的思绪都一下子飞到家中最难被极简化的物品上，这完全可以理解。不过，这也表明，每个人关注的焦点其实就是各种阻碍，而不是机会。

我对这类问题的回答总是一模一样的："你没必要从难以处理的东西开始啊。从简单的小件物品开始，不论从哪儿开始，只要做就好。"

这也正是我希望传达给你的信息。

目前来说，不用担心那些难以简化的、棘手的任务。恰恰相反，尽可能从最容易的地方开始你"由简而丰"的旅程吧。

通过清理汽车中的、抽屉里的、客厅里的，或是你浴室柜子里的杂物开始，逐渐养成一种清理物品的习惯。久而久之，你就会开始体验成功的感觉，并且看到过简单生活的益处。当你这么做的时候，自然就会学到必要的技能，去面对家中乃至生活中更具有挑战性的领域。

在后面的章节中，我们将深入探讨更为深层次的问题，解决个人生活中那些难以清理的领域。我将为你的问题提供答案，并建议你使用一些跨越障碍的方法。不过现在，我想提供一些简单易学的步骤，你可以从清理自己的物品开始，找到原本就属于自己的生活。

正如我前面提到的，你对极简主义的定义和实践，将与我本人的，或者其他任何人的定义和实践完全不同。但是，我们都可以使用一些相同的方法。你会发现，这些方法不仅简单易行，而且特别能激励人，使你甚至想今天就开始行动！

终于要出大招了！

极简生活的本质是什么

首先，让我们复习一下什么是极简主义。简而言之，它是刻意地扩展生命中最有价值的东西，并舍弃任何阻碍我们得到它们的东西。尽管我们现在谈论的是清理物品，但最终目的，却是为了使我们能更好地实现生命中最高远的目标。

这引领我迈出了重要的第一步。

我建议，哪怕是从家里清理一件物品之前，先坐下来，说出一条或更多自己想要过极简生活的原因。如果你还没有这么做的话，请花点儿时间考虑一下这个问题。答案具有无限的可能性——但对你，对你的目标和价值观而言，完全是独特的。

我并不是说，你必须现在就完全明确其中的每个具体细节。正如我在第三章中写的，你的目标将驱动你的极简化历程，而极简化的历程将提炼出你的目标。在一个不断发现的过程中，这两者相互提升。

按照目前的理解，请你找出极简生活的原因，认真地审视它们。我的意思是，把它们如实地罗列出来。下面，就是些例子：

我想摆脱债务，开始为退休后的生活而存钱。

我想让自己每天不再那么忙碌。

我想在父母上了年纪之后，有能力帮助他们。

我想登上这世界五大洲的高山。

我想花一年时间去海地的诊所当志愿者。

我想把房子缩小到一间公寓大小。

我希望能有时间给孩子所在的运动队当教练。

我希望停止教授音乐课程，加入交响乐团。

我想和家人共度晚间时光，而不是忙着收拾房间。

我希望自己能请朋友们来做客，而不用担心家里乱七八糟。

当你把自己的目标写下来，把它贴在你可以经常看到的地方时，这些目标将成为鼓舞你继续努力的重要动机。

有时候，你迫切需要鼓励。没有这些目标，你可能会忘记自己为什么要把一箱子东西送到慈善机构。

在更多人开始将自己的家庭和生活极简化之前，我们必须坚信这种生活方式值得我们付出更多的努力。换言之，公布自己简化生活的目标，也是提醒自己，想从即将开始的过程中得到什么。况且，这么做很容易。

然而，这还只是刚刚开始……

新手上路指南

在创建了一份目标清单并将目光转向周围之后，到底该从哪里开始清理自己拥有的物品呢？

找到这么个地方并不困难。你听说过80/20法则吗？这是个普遍规律，不过，在生活的许多领域内都被证明是真实有效的。把它用到拥有物品这件事上，即：我们在80%的时间里，只使用到自己拥有的20%的物品；我们只在20%的时间内，才会用到另外80%的物品。

所以说，在身边80%的物品中，你应该很容易找到不少可以被清理的东西，并开始自己的极简化旅程。

我建议，从家中活动最频繁的地方开始，尤其是客厅、卧室、浴室，这些都是开始行动的好地方。通常来讲，这些地方它们要比厨房、办公室或者阁楼更容易清理，而且花的时间也更少。但更重要的理由是，你和家人经常使用这些空间，一旦这些地方变得焕然一新，你将很快体会到极简主义的好处。

把杂物从客厅清理出去，可以使你在放松或与家人团聚时，享受到更为安宁、惬意的时光；而实现了极简化的浴室，将使你更容易在清晨为全天做好准备；没有杂物的卧室，无论在白天还是夜晚，都会让你和家人受益匪浅。当你把家里多余的物品都清理走之后，几乎立刻就会注意到这对你产生的积极影响。

请记住，现在，你只是选择去打容易取胜的仗，且能立刻获胜、得分，同时为将来清理杂物的过程树立信心。在你消磨时间最多的地方，做些效果显而易见的清理、整洁工作，你很可能只用几个小时就能完成这一步。

无须做什么艰难的决定，只要抓起一只空包，把所有容易丢弃的东西塞进去。此外，还有那些根本就不会用到的东西，那些早该处理掉的东西——把它们都塞进包里，暂时放在一边，以后再去整理它们。

这并不是一次彻底的清理，你还没有清理整个房间呢。但是，可以向后退一步，看看清理的结果，并开始感受，生活在一个简洁、有序的家中，将为你带来怎样平和与安宁的体验。

我自己清理的第一个空间，恰好是一个与我如影随形的空间。

我的极简之旅

我在第一章里讲过，一个周六的早上，我在清理自己的车库时，有人向我介绍了拥有更少物品的理念。自然，那个故事还有续集。

当天晚上，我钻进自己的丰田车里，把它开回车库。我开车的时候发现，自己以前从未注意过车里的东西，到处都是不需要的东西——从没戴过的太阳镜、从未听过的CD、从未用过的地图……

继续翻检，我甚至在汽车后座上发现了毛绒玩具、用餐赠送的玩具、袋装的番茄酱、一包包的纸巾、孩子们的书，就连驾驶座旁边都堆满了钢笔、收据和硬币……

从许多方面来说，这辆车都是我以往生活的缩影，乱糟糟地堆满了东西。只不过，以前，无论我去哪儿，都伴随着这堆乱七八糟的东西。

我深深地吸了口气。于是，我决定（记住，仅仅几个小时之前，我刚听说极简主义）从这里开始动手，这再容易不过了。我找了个大塑料袋，把车里那些绝对用不上的玩意儿都塞了进去，只把驾驶本、保险单据和汽车手册放进了杂物箱。随后，我把袋子拿走，以便日后整理。

我只是在车里做了如此简单的动作，我们家的极简主义旅程就正式开始了——整个过程不到15分钟！

我几乎是立刻就享受到了它的好处。

第二天是周日，我很早就醒了。我工作的教堂离家有数十千米，我习惯了周日早一些来到教堂。宁静的清晨，我穿好衣服，吃过早饭，走向自己的车。

至今，我还清晰地记得，自己进入那辆没有任何杂物的车中的感觉。我所处的驾驶空间与以往完全不同，它不仅仅是更干净了，而且还更平静了——就好像是呼吸了一口新鲜空气。这辆车中很少有东西能让我分心，每件被我保留的东西都有自己存在的理由。

在开车的时候，我觉得，自己的大脑变得更放松了，这让我能够专注于即将开始的一天。

我知道，自己希望在生活中的所有领域都能感受到这份平静和专注。我几乎不能相信，开始体验拥有更少物品的过程，是如此的容易和快捷。

有所选择的家庭大清理

在经过对生活空间的第一次整理之后（于我而言，是汽车内部的空间），下一步，就是进行一次更为彻底的、将物品极简化的清理过程。你要一个房间接着一个房间地整理，直至完成对整个房子的清理。

现在，你可能会问一些更困难的问题了："说点儿实际的，到底需要保留哪些物品？又要丢弃哪些物品呢？什么东西会增加我人生的价值？什么物品又会分散我的注意力呢？"

请记住，你没必要立刻想明白所有的问题，或者马上把整座房子清理完毕。每次，你只须关注一个区域就好：一个房间，一个柜子，或者小到一个抽屉。而且，还是从最简单的地方开始，直至最难打理的地方。如果某些物品你实在不知道该如何处理，就暂时不要去管它。

实际上，你只需要尽量收集这三类物品：

1. 需要保留的东西；
2. 需要放到家里其他地方的物品；
3. 需要处理掉的东西。

分类过后，把要保留的物品放回各自的位置。可能的话，把这些东西保存在自己看不到的地方，因为这样不会分散你的注意力。请注意，在把东西收起来的时候，将最常用的东西放在最显眼的地方，把不经常使用的物品往后放（这是我的免费收纳建议）。

接下来，该处理那堆准备放到其他地方的物品了，只要把它们放到家里适当的位置就好。比如说，如果在走廊里捡到了玩具，就把它们放到玩具箱里。如果发现孩子的衣服挂在椅子背上，你应该将之丢进装脏衣服的篮子里——这么一想，你可以让孩子自己把脏衣服丢进去。

最后，将那堆"准备处理掉"的物品分为四个类别，捐赠的、出售的、可循环使用的和扔掉的，然后，再以恰当的方式分别处理这些物品。千万别让它们继续留在那里，一旦你这么做，很快它们又会乱作一团，让你无可奈何。

当你清理任何一个空间时，亲手触摸每件物品非常重要。几乎每位专业清理大师都会提出相同的建议，因为，当你亲手处理每件物品时，你会下意识地决定它的去留。如果你只是快速地一扫而过，就很容易遗漏掉尚需处理的物品。

这种清理家中每件物品的念头，是不是让你望而却步了呢？虽然我并不想这么说，不过，情况果真如此的话，这本身就暗示着：你所拥有的东西实在太多了！请用这个事实作为你快速决定的动机。

在清除不必要物品的过程中，你会希望得出自己对"杂物"的有效定义。

在我们开始极简主义历程的早期，我和太太把杂物定义为：

储存在过小空间里的过多物品；

任何我们不再使用或者不再喜欢的东西；

任何可以导致我们产生杂乱感觉的东西。

你愿意的话，也可以做出属于自己的分类。不过，你也许会发现更能与你的理想产生共鸣的其他定义。比如说，乔舒亚·米尔本将杂物定义为"任何不能为他的生命增值"的东西。玛丽·康多将杂物定义为"那些在家里无法闪耀出喜悦光芒的东西"。

彼得·沃尔什更进一步地认为，杂物就是任何"干扰你过上自己应有生活"的东西。威廉·莫里斯是这样解释的:"如果这件东西你不知道有没有用,或者不觉得它是美好的,就不要让它出现在家里。"

选择对自己有用的那个"杂物"的定义,然后,把所有符合定义的东西统统清理掉。

有些时候,这一步将是比较简单的。你的车里散乱地放着根本就不需要的东西;被塞得满满的抽屉里也都是不需要的物品,比如橡皮筋、废电池、再也用不上的钥匙;梳妆台的最上层也聚集了各种零零碎碎的小东西;柜子里装满了再也不穿的衣服、对你不再有任何意义的奖章、过时的装饰品,等等。

其他情况下,完成这一步要花费更长的时间和心思。想想那些大项目吧,比如车库、地下室或者阁楼,还有功能性的房间,包括厨房和办公室。

还有那些多年来积累的充满感情色彩的物品,或与你最热衷的兴趣爱好相关的物品,比如,艺术品和手工制品,厨具、体育或音乐用品,等等。此外,还有其他家庭成员所拥有的、已经侵犯到公共空间的杂物……

我们将在以后的章节中涉及上面谈到的许多领域。不过现在,完成清理过多物品这一过程——关键在于从小物品开始,从容易的地方开始。就从那儿开始,亲身体验这个过程,并庆祝自己取得的小小成功。

现在，我需要给你一个警示：

很重要的一点就是，不要将改变的愿望与实际的改变混为一谈。仅仅考虑清理杂物，或者谈论清理杂物，实际上并不会产生任何积极的帮助。只有当你真正清除了这些杂物之后，才能体会到那些好处。

今天，就要提醒自己：谈论改变与实施改变完全不同。正因如此，我们要朝着正确的方向迈出一小步。

腾出更多的收纳空间

许多人担心，一旦处理掉某件物品，将来会感到后悔。于是，他们把东西留下以防万一。这是造成杂物堆积的主要原因，尽管我们几乎很少发现自己今后会需要那些"以防万一"的东西。

当你逐一清理房间里的杂物时，如果担心将来后悔把某件东西扔掉，可以试试这种简单的方法：把重复的物品扔掉！处理掉重复物品的好处在于，你知道总会还有一件可以以防万一。

举例来说，想想毛巾吧。我们的家庭当然都需要毛巾。但是，可以通过减少毛巾的数量简化你的生活。比如，也许四口之家却拥有一打或者更多的毛巾。实际生活中，每人有两条毛巾替换着用就足够了。你可能还没有准备过"每人只有两条毛巾"的生活，但是，想想壁橱里堆着的那一大摞毛巾，你不觉得应该处理掉一些，腾出更多收纳的空间吗？

彻底在家里查看一次，你可能会发现，重复的物品无处不在。

实际上，人们很容易陷入这种思维之中：如果拥有一件物品是好的，那么，拥有更多岂不更好？于是，我们最终会积累一大堆重复的物品——毛巾、被单、钢笔、铅笔、耐油纸、杯子、衣架、牛仔裤、鞋子、背心、小冰柜、行李箱、铁铲、软管、榔头、计算器……此类物品的清单简直可以列长长的一串——别忘了，有时候，我们很可能拥有不止一个家和一辆汽车。

当你开始清除多余物品的时候，会发现一些难以置信的事情。家中可能突然只剩下你最喜欢的物品，你也自然会更好地照顾这些东西，因为你会更容易注意到，某件东西需要修理或需要更换零部件了。

而且，在清理了重复物品之后，你几乎马上就会注意到家里还没被清理的许多其他物品。甚至，当你还没有完全意识到这一点时，就已经在通往简化生活的旅程上迈出了重要一步。这正是你希望与朋友分享的、有关极简主义的好处——以及它是如何使你的生活变得更清爽的。

分享生活中的欢乐时刻

至今，我还清晰地记得孩子们出生时的场景，做父母的哪有不记得的呢？孩子出生的那一天，我给所有的亲友打了电话，与他们分享好消息。我们生活中的喜悦也在逐渐蔓延，我简直等不及要和其他人分享那一美好的时刻。当我听到其他人兴奋不已的回应时，自己也感到更加兴奋、快乐。

我从这些场合中学到了有价值的一课：快乐理应被分享。但只有我们把其他人也容纳在其中，快乐才能达到极致。

我们想要分享的不仅仅是生活中的重要时刻，比如新生儿出生，也可以是生活中的小事情。当我们发现了一家特别棒的餐厅，我们会告诉朋友；当我们发现一条近路，我们也会建议其他人试试看。

通过与他人分享好事情，我们能够让他们感受到相同的快乐，并改善他们的生活。这种分享也会再次确认我们的幸福感，并强化其对生活产生的积极影响，从而提升我们的生活品质。

所以，当你开始在家里做出改变，简化自己的生活时，我鼓励你尝试与朋友、家庭成员、同事和邻居分享。你可以找各种机会，也许是在喝咖啡时，用餐时，在饮水机旁……去和别人分享在拥有更少物品之后，你从中发现的热情与快乐。

可以试试这个简单的开场白："我最近意识到一件事，当我拥有更少物品的时候，我变得更开心了。我就是从这一刻开始的……"

你会发现，大家可能会很兴奋地亲自尝试一下极简生活。即便他们没有，也会对你过上一种拥有更少物品的生活表示鼓励。他们甚至会让你在下次见面时，告诉他们你又取得了哪些新进展，并激励你继续坚持下去。

此外，这么做还有个好处，当你分享自己的故事的时候，这本身就会提醒你，自己开始清理杂物的初衷究竟是什么。

今天就开始行动

以下这些，就是拥有更少物品的小步骤：

· 把你的目标写下来；

· 从某一生活区域开始，清理那些便于处理的物品；

· 然后，一个房间接一个房间地收拾并清理物品；

· 在整个循环整理的过程中，去除那些重复的物品；

· 在清理的过程中，与别人分享自己的故事，从而保持自己的积极性。

尽管你对真正需要多少东西有自己的假设，我却可以举出很多事实来挑战它。不过，就目前而言，上面的五个步骤根本不会令人望而却步——任何人都可以完成。除此之外，你可能还会想到其他方法，迅速开始追求一种没有过度物质负担的、自由的生活方式。

请牢记，重要的是你要从简单的物品开始，而不是一上来就挑战那些难以处理的东西。

好了，开始吧！从最简单的步骤开始，开启你清理杂物的旅程。在阅读下一章之前，请选择一个抽屉或者壁橱——无论是哪个，只要看上去容易处理就好——然后，开始清理它！

你朝着正确方向迈出的第一步，应该是简单的一步。不妨今天就动手吧！

第七章
那些极简之旅中最难的部分

在我们开始清理自己的家之后，那些困难的决定将不可避免地浮出水面，我们不能逃避它们。当越来越多的杂物被清除出我们的家，我们终于要面对那些被拖延到最后处理的东西了——在我们的极简主义进程中，这些东西真是令人头疼的麻烦事。

在这一章里，我将着重向大家讲述，当你努力清理自己的家时，最常见的、难以处理的一些物品类别。

·书籍

·纸张

·工具

·保险柜

此外还有两项，好在大家对它们的期望值还不算太高，等时机成熟时再向大家介绍。

100件物品的挑战

在戴维·布鲁诺的著作《拥有一百件物品的挑战》一书中，在名为"最难处理掉的物品"的一章中，他写道，他决定把车库里所有的木工工具都卖掉。这些工具是他多年来慢慢积攒的，而且都是他很在意的东西。但是，由于他向自己提出了"只能拥有100件物品的挑战"，所以，它们必须被处理掉。

在整个故事中，戴维都很清楚，他花了多少时间做关于"拥有一家完美的木工店铺"的白日梦，就花了多少时间真正使用这些工具。他明白，这些工具必须被清理掉。

戴维为这些木工工具找到了买家，并帮着把这些工具放进了那个人的皮卡车上，然后目送这些工具永远地从他的生活里消失。"我那个木工梦想就这样结束了，"戴维说，"除了努力让自己在一年的时间内，只靠100件私人物品生活，我再也不会在周末假装自己是个木匠了。"

对戴维来说，处理掉那些工具代表一个梦想的破灭。"我试着不再幻想自己能成为一名大师级的木匠……在实际生活中，我也压根儿不适合……放弃自己成为某个自己本来就不是，或者不可能成为某种人的希望，真有点儿残酷。"

　　有时候，与我们拥有的物品告别，意味着放弃自己想成为某种人的梦想。有时候，将拥有物品极简化，意味着一个梦想必须破亡。

　　不过，这并不总是件坏事。在某种时刻，你可能很难做到，但它也可能是必要的。有时候，我们必须放弃成为那个人，才能真正欣赏我们实际能够成为的那个人。

　　当你在减少自己拥有物品的数量时，遇到难以割舍的东西时，这就是我希望你能牢记的事。

　　通常，这些难以处理的东西让我们觉得很棘手，并不仅仅因为它们实际上很难被极简化，而是因为我们感觉自己好像正在放弃一些重要的东西，我们正面临失去一些对自己特别有价值或特别重要的东西的风险。

　　所以，处理这些棘手物品的方法，就是要提醒自己：放弃这些难以割舍的东西，反而能帮你走向更好的生活。那些来自极简生活的好处，要比留恋这些看起来好像蛮珍贵，其实对你并没什么帮助的东西要好很多。

　　当你清理那些自己也知道应该丢弃的物品，却要面对内心的抗拒时，要特别意识到，如此一来，你才能拥有更少的物品，从而获得更美好的生活——这通常会帮助你斩断犹豫不决的心结。

如何处理书籍

在有人向我介绍了极简主义之后不到六个星期，我收到一封工作邮件，内容令我大吃一惊。

邮件来自我的老板，其中强制要求：全体员工用一天时间清理办公室，公司会租用垃圾箱。此外，所有的电话都不能使用，工作约会也要改期，午餐会送到公司。每名员工都被要求用这一整天的时间清理自己的办公室，以及整座大厦的公共区域。

想象一下吧，有人支付薪水，让我们进行极简化处理，这简直好得令人难以置信！

坦白讲，当时，我的办公室乱得一团糟。我的写字台、架子上挤满了令人尴尬的各种杂物，也许，我的东西比任何一名同事都要多，我需要一整天去清理那些没必要在办公室出现的物品。

在大扫除日，我很早就来到办公室，开始清理工位上所有不需要的物品。而清单上排名第一的就是：书。

我可以很骄傲地说，仅在那一天，我就成功地把藏书数量从三个书架精简到一个书架。

过期的参考书，应该是最先被清理掉的。我提醒自己，反正能在互联网上更快地找到大部分资讯。

接下来要清理的，是我从未阅读过的书（实际上，我永远也不会读）。当它们被清理了之后，我甚至感到几分释然。我再也不会让那些"应该读"的书成为自己的负担，我可以自由地期待更多的、更新的阅读机会。

想到那些自己曾经读过的书，我会问自己，那本书是否常用，或者会被定期推荐。如果答案是肯定的，我就把它留下来，以后做参考。如果答案是否定的，我就把它从自己的工作空间拿走。

也就是在那天，我把挂在墙上、镶在镜框里的各种证书都拿走了，其中有我的大学毕业证和执业许可证。当我这么做的时候，我忽然领悟到，把它们挂在墙上，只是为了自己的声誉着想——无非是提醒客户们应该尊重我。

随后，我又有了一个发现。我把架子上堆满书籍的部分动机，就是向任何进入我办公室的人显示：我博览群书，聪明智慧，值得尊重。

一旦理解了自己的这个动机，我觉得有几分尴尬。当我把三分之二自己用不到的书处理了之后，我决定，再也不试图靠架子上藏书的数量，给别人留下深刻的印象。

如何将自己的书极简化，是我提出的五个问题之首，而和工作相关的书籍与此关系不大。这个问题恰恰来自那些图书爱好者。这种人总喜欢把小说堆在床上，有的人喜欢在包里放本书，以便午餐时快速阅读一会儿，他们的家里绝对有不止一个被塞得满满的书架。

无论你有几千册藏书，或是仅有几十本，也无论你买书是职业需要还是仅供娱乐，你都可以从减少藏书数量中获益匪浅。记住，你有一个宏大的生命计划，而杂物——即使是与人类智慧有关的杂物——也将成为你实现这些计划的阻碍。

如果你认识到，过多的藏书确是一个问题，以下这些观点可以帮助你减少藏书量。

· **意识到书籍并不会定义你本人**。书籍能帮你"成为更好的自己"。但它们并不会定义你是谁，你是富有还是贫穷。

· **提醒自己，关于一本书的"记忆"与"这本书"并不是一回事儿**。有时候，正是这本书带给我们的感觉让我们无法割舍它。花点儿时间将这些感受和联想写出来，这会使我们更容易将这本书送给和我们一样喜爱它的人。

· **把好书赠予别人，是一种爱的行动**。把一本已不再需要的好书放在书架上，意味着一些人无法读到它。请分享你的快乐！

· **为自己的藏书设立合理的边界**。这能帮助我们快速地将最重要的东西与一般的东西区分开来。在无数种追求中，边界的概念都大有帮助，请好好利用它。我选择将自己藏书的数量从三个书架减少到一个书架，这种精简的程度对你来讲可能有些过激了。这没问题！这本身也不是一场比赛。选择自己的藏书边界，尝试一下吧！以后还可以随时调整它。

·允许自己保留最珍爱的书籍。记住，数量较少并不等于一无所有。找出自己最喜欢的书籍，将它们放在身边。当你发现自己可以做出全部的决定，而没有人强制你做什么的时候，一定会感到格外自由。

·阅读电子版而非印刷版。对于当今的电子书读者来说，你可以在一个比普通的精装书薄许多的电子阅读器中存储几十本书。然而，如果在自己的电子图书馆中存储了太多的书籍，这就意味着你仍然有不少杂物——数字杂物。不过，与印刷书籍相比，它们不会如此让你分神，处理起来没那么麻烦。自然，也更易于阅读和存储。

再见了，"纸先生"

在我还很小的时候，姨妈莎伦给我起了个外号："纸先生"。她到现在还喜欢这样叫我，尽管已经过了35年，那个笑话都已经老掉牙了。不过在当时，她的确没说错，我确实很喜欢纸张。

我喜欢各种各样的空白笔记本：蓝色的、黄色的、绿色的、单一主题的、三个主题的……我用它们写故事、画图、记录统计数据、列出垒球卡的清单，或者写数学作业。我把它们中的大部分都堆在卧室的地板上，乱作一团。

　　我长大些后，对那些笔记本已不再那么痴迷。不过，我继续被纸堆包围着。不过现在，这些纸张不再是棒球统计数据。而是要支付的账单，要填写的税务收据，要撕开的礼品券，要处理的工作项目，需要仔细阅读的杂志，还有一堆需要分类的、各色各样的信件。

　　学会处理纸张杂物并不容易。我要是说自己已经完全征服了这个棘手的领域，那肯定是对自己不诚实。我们似乎每天都要处理通过各种渠道流入家庭的纸张——邮局、学校、教会、单位等机构，这里仅是举了几个例子。在许多家庭里，废纸已经成为主要的杂物来源，而且很难清理。

　　你的家里有多少纸张呢？试着做下这个练习：估算一下，可以用家里的纸装满多少文件柜的抽屉呢？最终计算得出，在塞满的状况下，平均一个文件柜的抽屉可以装4500张纸！

　　这已经很多了，不是吗？

　　这并不是说，你会把所有的纸张都井然有序地摆放在抽屉里。我们大多数人只会抖抖这些纸，把它们堆起来，然后漫无目的地在纸张周围走来走去，而不会有针对性地对这些纸张做点儿什么。即便是一个企业的总裁，在他能真正采取行动之前，也会把一张文件纸反复拿起、放下十几次。

　　除了整理、归档、储存纸张所需的时间和物理空间，纸张杂物也占据了我们大脑中的精神空间。"杂物其实是拖延症的视觉体现，与之相伴的还有焦虑。"利奥·班巴塔曾这样写道。而当我们谈到纸张杂物时，恐怕没有什么比这句话更真实的了。

尚未支付的账单，没有阅读过的报纸，没有分类整理的信件，还有尚未完成的工作项目文件……这些东西就堆积在我们的柜子上、书桌上，叫嚣着要引起我们的注意。每当我们从纸堆旁走过，它都会干扰我们在现实生活中的思绪。

正是出于这个原因，在我们视线所及的范围内，要尽量将杂物清理干净，并使自己关注那些更重要的事情，这对我们来说很关键。

无纸化——将所有文件以电子方式保存，正在更广的范围内被推行。即便对技术能力不高的家庭来说，也能实现无纸化。我建议你能以这种方式工作。

不过，如果做不到这一点，将纸张极简化也是可以实现的。尽管我以前并不倾向于这么做，但现在我已经能卓有成效地完成了一些简单的步骤，这些方法可以被任何家庭复制。

把纸质杂物从家里清除出去，说到底要回答三个问题：为什么？是什么？怎么办？

为什么？

刚一开始的时候，问自己这样一个问题，我为什么要保留纸张？答案可能是下面各种原因：

·你是拖延症患者，纸张代表着你悬而未决的决定。

·你不善整理，纸张的产生是因为你不善于归档和整理。

·你消息不灵通，所以才要保留许多文件，因为你不知道什么需要保留，什么可以扔掉！

·你太忙了，根本没有时间处理或者阅读它，于是你将它保留起来，以备日后使用。

·你对那些充满爱意的便签、孩子的艺术作品和剪报等纸制品情有独钟。

直到你能描述出为什么这些纸张杂物会在家中堆积，否则，你无法找到解决方案。

是什么？

当你发现"为什么"之后，就可以更轻易地回答这个问题：实际上，我需要保留什么样的纸张？

在成为极简主义者之前，我保留了无数的财务文件。要是有人查看我的档案柜，就能发现我家近十年的信用卡账单和水电费账单。而保留这些东西的原因是，我总觉得自己有一天会需要它们。

但实际上，根本不是这么回事。虽然你还是需要具体了解一下本国的法律规定，但许多国家通常只要求公民保留三年内的个人财务记录。随着越来越多的金融机构可以在线查询财务记录，我们更没什么必要保存这类纸质文件了。

当涉及我们收藏的那些并不与财务、法律相关的纸张杂物时，我们应该把博物馆的思维模式带到家里。真正令一座博物馆伟大的原因，往往是那些并没有被展出的藏品，它们才是博物馆里最有特色的艺术品。所以，你可以让自己变成那位只保留最具感情色彩的、通常也是最珍贵藏品的博物馆馆长。

所以，你需要在孩子们的艺术涂鸦、学生的学校论文，或者你希望以后再阅读的出版物中，选择并仅仅保留你最喜爱的物品。

怎么办?

在回答了"为什么"和"是什么"的问题之后，你将能养成新的习惯。现在，你需要问自己："我怎样才能控制好自己的纸张类杂物?"

这里有两个关键:（1）快速行动，（2）合理地归档。

当有纸张进入家中时，你需要做出决定并采取行动:扔掉垃圾邮件;把优惠券放好;迅速支付账单;把学校的成绩单保存好;将财务文件归档;每个动作只需要花费几秒钟——最多几分钟。与其把各种纸张放到柜子上面，不断积聚更多的杂物，倒不如马上处理它们。

把那些无法立即着手处理的东西放到指定位置，以备日后处理。（我建议，只须使用几个简单的"待办事项"文件夹即可）。

未来的某个时间，你只须坐下来，就能迅速将所有的事项处理清楚——该分类的分类，该丢弃的丢弃……

　　这种"快速行动，立刻归档"的处理过程，适用于家中几乎所有的纸质杂物。这样做的好处是，你并不会对着成堆的纸张挠头，反而会从那些阻碍自己完成真正想做之事的杂物中解放出来，你会爱上这种自由的感觉。

这件物品能帮到你吗

　　技术的变革日新月异，许多新的技术从公布时起就备受推崇。种种"改变我们与世界的交流方式"的承诺听起来的确很吸引人，于是，我们不停地购买这类产品。同时，用过的旧设备也堆积在家中，因为我们不确定该拿它们怎么办——那么，这种不断增长的"高科技杂物"是不可避免的吗？

　　对此，技术领域的专家们提出了两种概念："技术性过时"和"功能性过时"。

　　对于技术性过时，可以举个例子，比如，智能手机制造商在你购买手机之后的六个月，就出了一款更新的机型；而功能性过时，只有在你的设备不再发挥应有的功能时才会出现。比如，当它的运行软件不再正常工作，且不再受到制造商的支持时才会发生。

　　我们中的许多人都经受过这类诱惑——只要自己的设备达到了技术性过时，就立刻去购买新款；如果发现自己上个月刚买的那款时髦的新手机已经被一款更流行的手机取代时，我们又会想要得到最新的那一款……

　　我认为，应该等到电子产品接近功能性过时，再去购买新的。没有最新款的手机又怎样呢？谁会真正在意呢？

　　我并不是反对技术的开发和应用。实际上，我很高兴地说，正是因为技术的进步，我们今天才更可能实现极简主义。

　　在我的手机里，我存储了不少电影、书籍、音乐、地图、日历、星巴克会员卡和地址簿（只是举例来说）——我不再需要用更庞大的装置来存储这些。技术，正是极简主义得以持续发展的原因之一。比起以前，我们从未如此轻易地拥有更少东西。

　　但是，令我害怕的是，许多人总是假定新技术能自动地把一切都变好，而且，只会增加生活的便利。但真相并非如此！

　　实际上，当我们在消费科技产品时，往往没有意识到——它会增加我们的负担——它快速地消耗着我们的精力、时间和银行户头里的钱……我们当中，有谁不曾浪费一下午的时间，只是想用电脑完成一件看起来非常简单的事情？

　　无论是在现在，还是在未来，当我们需要决定是买一件新设备，还是继续使用旧设备——我们只需用一个简单的问题清理一下自己的思绪——它能解决什么问题呢？

　　假如通过新技术、新产品的运用，我们能在家庭和工作中更快速、更高效地解决问题，从而使我们的生活更便捷，那最理想不过。但是，如果新技术、新产品并没有为我们解决特定的问题的话，那么，它们就只是在增加问题。

　　清除电子垃圾（电线、电池、充电器……），通常只需要花一点儿时间，也很便利——许多地方都设有电子产品的捐赠和回收中心。

　　但在面对琳琅满目、五光十色的新产品时，我们怎么办呢？

　　如果一部新手机并没有明显地改善你的生活，而你只是因为手机有了升级款就要购买，就实在有些愚蠢了。同样的道理也适用于照相机、家庭娱乐设备和计算机……

　　如果你现在使用的电视完全能看清楚，就不需要买一台屏幕更大的电视机。人们很少会后悔自己没有及时地更新技术，所以，你没必要因为生产厂家宣称你需要一件新型产品，就不辞辛苦地排队去购买。

　　你真正需要做的，反而是仔细审视一下这次购买的机会成本——如果你没有买那些无谓的新产品，你能用这些钱干点儿什么呢？还清债务？享受一个周末假期？把那块磨损严重的垫子换了——这块垫子使用的时间可比上一部手机长多了！

　　问自己这样一个问题，技术是在真真正正地改善你的生活，还是把你从那些最重要的事情上拐走了呢？

不一味地追求新型电子产品，这并不是梦想的终结，而是朝着你生活中真正的目标迈进的开始！

只要最好的

对于我太太和我本人来说，将地下室的杂物清理干净，是我们极简主义过程中的最后一步。这不仅仅是因为我们储藏的东西太多了（当然，我们肯定是放了不少东西）。更重要的是，这也将是最令我们动感情的步骤。

无论如何，地下室的那些箱子里，装满了我们人生的故事。里面有高中的年鉴、大学的教材，还没使用过的婚礼礼品。那里有装满照片的鞋盒，还有海外旅行的纪念品，放在里面的手工制品甚至保留着我们无数的童年记忆——扔掉它们任何一件，对我们来说都不是件简单的事。

这个项目最终要花上好几个月的时间，还要投入大量的情感。但是，我们已经算是训练有素了。在整理了家中其他各处的物品之后，我们更坚定了"越少越好"的信念。于是，我们在精神上也做好了准备，一定要通过这次最大的考验：从过去二十年珍藏的物品中，决定应该将哪件物品扔掉？

为此，我们想出了一个名为"只保留最好"的处理原则。任何人想要清理与许多美好记忆相关的物品时，如果也感到颇受煎熬，我都建议他使用这个方法。

我们并不会把所有的东西都扔掉，也不会把它们都留下——我们只保留最好的——这意味着保留那些最高品质又最有意义的物品，这些东西会让我们想起过去的时光和心爱的人。随后，我们并不会把这些特殊的物品放在盒子里，而是将它们放到家里能看见的地方。这样，我们更能经常回忆起那些宝贵的瞬间。

请让我举个例子，说一下这是什么感觉。

在我们整理地下室的过程中，最让金动感情的时刻之一，就是当我们整理她祖母遗物的时候。当她的祖母依琳去世时，金从她住的公寓里收集了这些纪念品。从许多方面来说，依琳都是金心目中的英雄。我太太非常钦佩依琳对待生命的激情，她对家庭的挚爱，她对祷告的热情……所以，那些放在盒子里的纪念品对金来说非常珍贵。不过，我们还是像对待其他东西一样，严格遵照"只保留最好"的标准。

金从盒子里选出了三件物品。对她来说，这些东西最能代表祖母的一生。

她选了一个糖果盘，现在，这个盘子就放在我们的客厅里。金用果盘向来访的客人们提供甜品和小吃，她祖母当年也是这么做的。金还选了一个蝴蝶胸针别在自己的外套上，当年她去拜访祖母时，总会看到祖母别着这个胸针。此外，她还保留了祖母读

过的《圣经》，现在，这本书就放在我们的床头柜上——你猜对
了，祖母当年也爱把《圣经》放在这个位置。

　　虽然我们保留下来的依琳的遗物变少了，却更有价值，更能
让我们怀念她。更重要的是，我们继承了依琳拥有的美德和价值
观，这些正是我们希望自己也具有的美德。正是因为我们将最重
要的物品与不太重要的物品区分开来，她的遗产反而拥有了比以
往更强大的生命力。

　　你开始意识到，"只保留最好"的原则是如何帮助自己整理尘
封多年的记忆了吗？

　　如果你还是觉得很难将那些藏品处理掉，让我教你几个能让
事情变容易的小窍门。在"只留最好"的道路上，你可以将这些
小诀窍视为一个个"站牌"。

诀窍1：现在试着只保留一半的藏品

　　如果大量清除那些拥有感情色彩的物品对你太难，先试着只
保留现有物品数量的一半。比如说，你有两箱子高中时期的纪念
品，你能将它们减少为一箱吗？

　　处理掉一半的物品，比什么都没有处理好得多。这种自我设
定的边界，通常能够帮我们快速意识到哪些东西对我们最重要。
最终，我们可能会发现，把剩下的东西减少到"只留最好"的，
也容易了许多。

诀窍2：在处理这些东西之前，先拍照存档

一直保留着那些具有情感色彩的物品，是否因为你害怕失去它们呢？如果是，你可能会发现，在把东西处理掉之前，如果能保留物品的数码图像档案，你就会觉得释然了许多。现在，你可以通过影像的存储，保留这些物品的记录，它们并没有彻底消失。

请记住，你的记忆并不是储藏在这件物品之上，而是保留在你的脑海中，这些物品只是帮助你回忆起它们。所以说，照片与真实物品的作用其实是一样的。

有些人可能会反对这个小窍门，因为拍照会创造出其他令你留恋的东西——照片。没错，正如我曾举过电子书的例子，数码杂物仍然是杂物。不过，在这种情况下，如果你管理得当，数码杂物整理起来并不像真实杂物那么麻烦——它们更容易被移动、管理、定位和查阅。

好吧，开始行动吧！你可以为曾祖母的那个笨重的行李箱，丈夫送给你的第一份礼物——那条廉价的项链，或者孩子第一次画的那张人物涂鸦拍照。这些摄影作品也许完全能够像实际物品一样，帮助你回忆起那些美好的时光。

诀窍3：再次赋予它生命

如果你保存的充满感情色彩的物品是可以被其他人使用的，

那么，你可以通过再次赋予这些物品生命，来再现那些美好的记忆。当你以这种心态将这些物品捐献出去时，一定会为其他人创造新的美好记忆。

其中，最完美的范例就是婴儿用品。

我发现，当父母的很难将孩子们用过的衣服、玩具和各种婴儿用品处理掉。这完全可以理解，这些东西都代表了与之相关的、不可恢复的宝贵记忆。

你仍然可以"只保留最好"的物品，比如说，洗礼袍。但是，你当然没必要保留每个拨浪鼓、围嘴儿和婴儿鞋。生活的舞台已经变了，你也在创造着关于孩子的全新记忆。

此外，我们周围有那么多的新妈妈（单身的、已婚的），你可以将那些婴儿套装和各种各样的婴儿用品送给她们，使她们也得到祝福。我们为什么要将这些东西留下来，自私地享受那份喜悦呢？如果我们知道，有其他孩子正穿着那些衣服，那个可爱的小婴儿正依偎在妈妈怀里，难道不会让你感到更多的喜悦吗？

当你把一些意义非凡的物品赠送给像你一样珍爱它的人，收到物品的人得到了祝福，你也将得到祝福，被转赠的物品也会获得新生。

我们对那些充满感情色彩的物品恋恋不舍，是因为这会提醒我们，这些东西曾为我们的生命带来的快乐和意义：我们周围的人，我们分享的经历，成长过程中的进步与成就。

不幸的是，在生活中积累的众多物品，使我们无法经历更多美好的事。这些东西给我们带来了不必要的压力，不仅要花更多的精力去照顾它们，还要承担财务压力，这一切都使我们不堪重负。

所以，对于那些富有感情色彩的物品，不要担心只保留最好的有什么不妥。如果总是抓住过去不放，就永远不会体验到新的感受。

现在，我希望将你的注意力带到你可能从未想过需要极简化的两个领域——你的汽车和居住的房子。现在，我们就要谈到这些大物件了。在我看来，你可以放弃许多无谓的负担，过上更好的生活。

选择最合适自己的汽车和房子

在我们的社会，人们（虽然不是全部，但却是许多人）对汽车非常着迷。从某种意义上来说，我们对汽车充满兴趣也不无道理。我们的城市（以及城镇）建设，使得生活在大多数社区的人们都需要使用汽车。但是，很多人对汽车的痴迷已经远远超出了对汽车的需要。对我们而言，它所代表的概念也远远超出一般的交通工具。

拥有汽车通常与身份、声誉、汽车的大小和舒适度等因素有关，我们寻求用自己驾驶的汽车向社会证明我们的成功。我意识到，也许有其他原因促使我们买车——怀旧情结，对速度的热爱，对最新汽车款式的痴迷，疗愈某种内心伤痛的愿望，等等。但大多数时候，我们都是因为驾驶汽车时的自豪感而选择购买汽车。

　　关于汽车使用和消费的统计似乎也支持了前面的论述，即我们驾驶汽车的目的已经不仅仅是为了从一个地方到达另外一个地方。根据美国汽车协会的数据，2014年，拥有一辆汽车的年平均成本是 8698美元。对于一辆SUV轿车的驾驶员来说，成本则上升到了10624美元。

　　平均而言，汽车拥有及养护的费用已经成为美国家庭排名第二的重要支出（位居房屋之后）。一辆新车的平均贷款是27000美元，二手车的平均贷款是18000美元。即便如此，我们仍然想有辆好车。

　　几年前，我在凤凰城的一个活动上发表演讲，讲述给予人新生的、追求极简主义的过程。活动结束后，有个年轻人向我走来，与我分享他陷入的那个进退两难的境地。

　　他说："乔舒亚，您说的观点我都同意。实际上，我已经在过一种极简主义者的生活了。但是，我只有一个问题，我很想拥有一辆好车。我的意思是，我特别想在自己有能力的时候拥有一辆好车。这难道错了吗？"

　　是的，这话没错。但是，你有没有想过，你大可以花60000美元买一辆豪车，开着它到处招摇。但是，如果你花30000美元买一辆普通的、各项功能也不错的车，那么，你还有30000美元可以去解决这世上其他更需要关注的问题。而最终，购买30000美元的车，实际上会给你带来更大的喜悦和成就感。

我请那个年轻人考虑一下，他完全可以把钱和时间花在比时髦的新车更有价值的追求上。我并不知道他最终做了什么决定。如果你也同样纠结于此类问题，那么，不妨改变一下对此事的看法。

我们生活在21世纪。除非你生活在拥有便捷公共交通系统的地方，否则，你很可能需要一辆车。我鼓励你从信誉好的汽车制造商那里买一款不错的车。但是，那并不意味着你要买汽车销售人员努力说服你购买的豪华车。当你拥有一辆可靠的，并有可能帮你完成一些善举的汽车时，你会感到更幸福。

谈到汽车时，如果这辆车能够让你追求更重要的事情，那么，稍微降低一些购车标准，可能购买的车反而会令你收获更多。在那种情况下，你在驾车出行的时候，也可以体会到一种不同的荣誉感。

房屋出售

正如有些人喜欢购买超出他们实际需要的、更时髦、更昂贵的汽车，也有人喜欢购买比他们的实际需要大很多的房子。

生活在小一些的房子里难道不会感觉更好吗？我们来想想这个问题吧。

人们出于各种原因而购买更大的房子：他们原来的小房子住不下了；他们赚更多的钱了；房地产经纪人说他们能够负担大房

子的贷款；他们想给别人留下深刻的印象；他们觉得大房子才是梦想中的房子……

人们不断购买越来越大的房子的另一个原因是：没人告诉他们不要买！这时，我们社会的流行语会再次响起："买尽可能多、尽可能大的房子，因为这才是你赚钱后应该去做的事！"

并不是说，你不能买更大的房子。也不是说，住在小一点儿的房子里，你会感到更幸福。这其中的原因有很多，在我看来：

· **小一些的房子更容易维护**

任何拥有房子的人都知道，维护房子需要花费多少时间、精力和心血。在相同的情况下，小房子对你的要求则更少。

· **小一些的房子没那么昂贵**

在最初购买以及后续养护（保险、税收、供热、冷气、供电等）方面，小一些的房子都花费更少。这就能让我们有更多钱去做其他事，而且也会带来更少的债务、更少的风险、更少的压力、更少的环境影响。同时，也不会积聚更多的物品。

· **更小的生活空间会产生更多的家庭凝聚力**

空间更小的家会使家庭成员之间的交流更多，而这种"我们在一起"的感觉真是棒极了，不是吗？

· **更小的房子也更容易出售**

这是因为小房子能使大多数的潜在购房者更容易负担。我们能在需要的时候迅速将房子出售，仅这一点，就为你减少了与房子相关的最大压力。

　　当我们从亚利桑那州的佛蒙特搬家时，我们需要把旧房子卖了，再买一栋新房子。这两个区域的住房市场有很大差异，我们可以很容易地购买一所大房子，每月房贷的金额还会降低。但是，我们从没想过买大房子，恰恰相反，我们简直等不及地要搬进一所更小的房子。

　　我们对新家依旧维持着自己的标准和要求。更小绝不是唯一的目标。新房子的各项功能必须能够满足一个"年轻家庭"的需求，并有助于实现我们的价值观。

　　我们对房子的要求包括：具备三间卧室、一个餐厅、可以招待朋友的家庭活动室，令人心旷神怡的户外空间，位于高质量学区，社区环境友好，房子有高品质的建筑工艺。

　　我们找到了完全满足所有愿望的房子，大家简直欣喜若狂。我们将房子的面积减少了30%，从四层降到一层。我们计划将住房贷款减少50%；我们选择了质量而不是数量（这是个明智的决定）；我们去除了内在的焦虑感，不必担心每月的房贷负担；我们找到了这样一所房子，房子里的每个房间每天都被使用；我们已经爱上了房子的每一个角落。

　　购买房子是需要你考虑许多因素的个人决定，我无法谈及每个决定因素，只要你对选择时需要考虑的全部条件了然于心即可。

但是，我还是想提出一些具有普遍性的建议：按照你的需要购买
房子，而不是购买房产中介说你负担得起的房子——购买能给你
带来自由，而不是负担的房子。

　　我并不是说，一定要买小一点儿的房子。我只是说，如果你
住起来感觉更开心，这就够了。我知道，我们一家就是如此！

别放弃你的努力

　　书籍、纸张、小工具、纪念品、汽车和房子，通常是人们最
难实现极简化的。在这些领域，我们总是觉得自己有足够的理由
保留那些东西。我们总是在担心，如果我们放弃了，难道不是放
弃了什么重要的东西吗？

　　实际上，如果我们不努力实现这些地方的极简化，才是真正放
弃了重要的东西。我们放弃了能使自己充分过上理想生活的自由。
那才是真正的梦想，它值得我们做出任何牺牲，并把它变为现实。

　　所以，当你把目光转向家中这些难以清理的区域时，我给你
的最后建议是：别放弃！

　　几年前，我几乎放弃了撰写有关极简主义的文章。那时，我已
经写了快一年的博客，网站的流量也有所增长，当然，也没有特别
令人兴奋的事情。于是，2009年2月，我干脆就停止写文章了。

这倒未必是一种"反正也没什么人阅读我的博客，干脆不写了"的心态。而是有其他事情让我无法继续下去。于是，写博客这件事，就慢慢被我抛在脑后了，我也不再专门为此而腾出时间。

要不是因为2009年3月3日晚上电台播出的一条广播，我的博客——现在已经成了我生活的一部分——恐怕早就销声匿迹了。

那次，我开车去马萨诸塞州参加一个会议。车里的收音机播放了一则消息：有个家具店正在收集旧的舞会礼服，将之捐给那些买不起礼服的十几岁的孩子们。我觉得这简直是个天才的想法——只要想起那些十几岁的女孩子们没钱购买毕业舞会穿的礼服，我还是觉得有些激动。

于是，我在自己的博客上发了一个简短的帖子，鼓励大家捐献旧礼服。这其实是我几周之内第一次发帖。

消息公布后没多久，克里斯蒂——一个我素未谋面的女人留言给我说："回来，乔舒亚！"从我开始写博客起，她就一直在坚持阅读，她从我的博客文章中受到了很多的启发。现在，她鼓励我继续写下去。

她的评论很短，总共只有三个单词，但是，足以鼓励我继续撰写并发布关于极简主义的博文，这也促使我下决心坚持下去。

我很高兴，自己坚持了下来，因为我发现，撰写关于"极简主义带给人的快乐"的文章，并四处发表有关该主题的演讲，已经成为我的人生目标。

　　我知道，有时极简主义很难被实现。清理家中的杂物，不仅会让人筋疲力尽，也会让人觉得心力交瘁。与此同时，许多其他事情也会不时地干扰你——你可以轻易地就将极简主义生活理念放到生活中的次要位置上。

　　但是，生命中最重要的课程总是要花些时间和心血的，很少有人能一次就做对。

　　在那些你想要放弃的时刻，请思考一下有关"坚持"的生命原则——无论所处的环境如何艰难，只有克服了所有挫折，你才能发挥个人最大的潜能。

　　请让我说几句简短的、鼓励你的话：你能做到！我知道你能行！我曾亲眼见证过，来自社会各个阶层的很多人都在这条道路上取得了成功。

　　为了帮助你坚持下来，最终取得成功，在下一章，我将与你分享作艰难抉择时的一种方法：试验，以判断你是否能在没有某件物品的情况下继续生活。

第八章
让极简主义生活试验帮忙

在决定是否买一辆车之前，你有没有试驾过呢？

你是否有过这样的经历：虽然自己也不确定是否喜欢某件家居用品，可还是把它买回家，因为商家保证，如果你对它不满意的话，可以全额退款？

你的医生是否开过某种药物，让你试用一段时间，看看是否有助于你的病症？

我打赌，这些事情你都做过，我们大多数人也都做过。有时候，在完全接受某事之前，我们都想先尝试一下。

换句话说，我们想试验一下。

在你准备尝试极简主义的过程中，试验法是一种有力的工具。这个理念很简单：如果你不确定自己想处理掉某件物品，可以试着离开那件物品生活一段时间，然后，再决定它对你而言是必需的还是多余的。这种方法可以测试你对自己需要多少物品的假设是否正确。

根据我的经验，通常情况下，它能够证明，我们实际上所需要的东西，比想象中要少很多。

　　所以，当人们开始追求极简主义生活时，我鼓励他们试着离开某些东西生活一段时间。这种方法可以帮他们下决心，并鼓励他们度过极简主义过程中的艰难时刻。

　　实际上，极简主义试验法是我们一生都可以受用的一种技能。它就像是一个敏感的测量仪，用来对我们的极简主义实践进行微调。

　　事实上，我要说的是，你可以从中发现极简主义令人终身受益之处。正是通过试验法，我们发现了自己真正的渴望是什么，以及生命中其他的可能性究竟是什么。

　　我认识的几乎每位极简主义者，都曾在不同领域尝试过一种拥有更少物品的生活，以考验他或她最初的假设是否正确，我在后面将分享他们的故事。

　　如果你很认真地希望发现一种令自己的生活简单而丰盛的方法，那么，我鼓励你设计一个属于自己的拥有更少物品的试验。

　　这个试验很简单，并具有很强的适应性。

　　试验：我将在（　）天（或周，或月）中，过没有（　）（某种物品）的生活。

　　在那个时间结束时，我将决定：

　　【　　】是的，我可以过没有这些物品的生活。

　　【　　】不行，我还是需要它们。

　　基于我的决定，我要么将这些物品永久处理掉，或者把它们再次融入自己的生活，并为这种选择感到安心。

　　没有任何方法能比试验法更好地让你走上极简主义之路。

我的极简生活试验

　　在我的家里，我们尝试过无数种试验。

　　比如，我们在一段时间内，尝试着取消了有线电视服务。我们还删除了手机上的各种应用软件和消息通知，把智能手机变成了哑巴手机。

　　我们还想看看，如果大幅减少衣服的数量，生活会变得怎样；我们有一个月没在外面用餐；我们停止使用洗碗机；我们把家具、炊具、艺术品、孩子们的玩具封存起来……每次都测试一种新的极限状态。

　　我们完成了一个试验接着一个试验，我们开始意识到，没有了那些杂物，我们反而有了更充裕的时间和精力。我们的家庭和家人都一切正常，甚至感觉更好！

　　不过，我们的试验并不总是产生一个肯定的答案。我们也不会总能得出结论——是否应该永久地摆脱某件物品。

此类试验之一，就是卖掉我们的一辆车，成为只拥有一辆汽车的家庭。

金和我开始考虑，如果我们只为一辆车提供保养、上保险、加油、存放和清洁服务，那会更加简单，也更省钱。于是，在离开佛蒙特之前，我们把小面包车卖给了一位朋友，只保留了一辆丰田雅阁作为家庭用车。随后，我们试着重新做些安排。

如果我没记错的话，我们坚持了四个月。但其实，在试验开始的前两个星期，我们就意识到，这种办法行不通。

这次试验的结果显示，当家中两个成人都有自己的工作，两个孩子要上学并需要参加各种活动，而我们又生活在一个公共交通不是特别便利的城市的话，开两辆车对我们来说是值得的。

在这次试验中，我们不得不依靠一辆车完成各种任务，这为我们带来了不少麻烦和负担，也使实现我们的目标更为艰难。于是，我们又买了一辆车。

不过，坦率来讲，我的经验是，大多数拥有更少物品的生活试验,结果都与这次不同。大多数这种试验都是成功的。

事实上，我相信，只要你按照这种试验法的思路操作，你会很惊喜地发现，自己需要的物品原来是这么少。此外，这些试验也是一个帮助你了解自己的机会——它们将向你打开一扇门，向你展示一种更简单、更轻松、更充满意想不到的机会的生活方式，你必将乐在其中。

　　不止这些，你不必再顾虑，离开了某种东西自己的生活是否可以不受影响。这种方法几乎具有科学的准确性，你一定会知道自己是否应该舍弃它。

　　无论何时，进行一次这种试验后，你都将发现"足够"一词对你来说意味着什么。

什么是真正的足够

　　对我来说，如何理解"足够"这一概念，帕特里克·罗纳对我产生的影响力要超过其他任何人。

　　帕特里克和太太、女儿一起，生活在明尼苏达州的圣保罗市。他是一位喜爱苹果电脑、精美的钢笔、艺术、诗歌的作家，文风优美。他在一本名为《足够》的著作中，采取了一种试验性的态度，探询"足够"一词对他意味着什么。

　　"足够"，来自对各种事情的不断尝试：它来自挑战性的偏见；它来自拥有更少的物品；它来自你对"少一些"的恐惧；它也来自拥有"多一些"带给你的错误的安全感；它也来自拥有更多，然后全部失去，再找出你真正的需要是什么。

　　可以说，"足够"是一门困难的功课。

为了达到目的，我们必须放弃"假如……"的设想，必须战胜畏难、无节制、自我怀疑和讲究排场等心理。我们必须提出尖锐的问题，才能得到那来之不易的答案……

不过，请牢记，即便是那个答案也会发生变化。就像走钢丝的人必须对不断变化的情况做出些许的调整，你也必须要随时做出调整。

我们的目的，并不是找出什么才是（或者将是）永远足够的。那是不可能的。我们的目的，是要找出你需要的工具和方法，以便找到当下对你来说是足够的状态，并在条件发生变化时提供一定的灵活性，让你能够做出调整。

理解足够的概念，是需要考虑许多重要因素的自我发现的过程。但是，如果我们从不去找寻它，我们将永远无从发现。

帕特里克对那个走钢丝的人的描述，深深印在我的脑海里。你和我正是那个走上钢丝的人。大部分时候，我们倾向于"拥有过多"的一侧。但我们甚至都没有意识到这一点，因为我们已经习惯了过多地向那一侧倾斜。

然而，当我们尝试着过一无所有的生活，使我们看清了向"拥有太少"一侧倾斜是什么感觉。我得说，我们中的大多数人（当然也有例外）从未有过"拥有过少"的生活。我们只有这么做，才能在中间找到正确的平衡。

　　平衡的位置既不在过多处，也不在过少处，而是刚好足够——试验法会帮助我们找到它。

　　让我们用鞋举个简单的例子。

　　对一个人来说，到底有多少双鞋才是足够的？如果我们对极简主义感兴趣，我们可能会禁不住说，我们只需要一双。但实际上，除非你准备穿着工作鞋去花园，或者去篮球场，一双鞋可能并不够，你会需要至少两双。如果你想再有一双好鞋，以便周日去教堂或者出席特殊场合时穿，你或许需要三双。

　　那么，三双就足够了吗？也许对你而言足够了。或许还是不够。

　　问题在于，我们中的大多数人从未问过自己这些问题，我们可能有很多鞋（也许在鞋柜里有28双或者29双，而且我们要是发现鞋在打折，就会很乐意再买一双）。

　　这只是一个小例子，告诉你为什么要挑战对"实际需要究竟是多少"的假设。

　　我敢说，我们中的大多数人拥有的都比需要的更多。我们早就越过了足够的那个点，只是我们尚未意识到罢了。直到我们通过试验法发现我们实际的需要究竟是多少，否则，我们将永远意识不到。

　　我的一个朋友康特尼·卡佛，她就迫不及待地用试验法领悟了足够对她来说意味着什么。

康特尼的故事

在37岁的时候，康特尼·卡佛收到了一张令所有人都害怕的医学诊断书——她患有多发性硬化症。那一刻，无数的问题在她脑海里盘旋着。然而，康特尼并不是那种坐以待毙的人，她决心勇敢地面对这个挑战。随即，她开始积极地研究自己的病因、症状、治疗方法和成功案例。

康特尼很快发现，压力会加速病情的恶化，而放松则会减缓病症的发展。

"当我知道压力不仅是导致多发性硬化症的因素之一，而且也会诱发许多其他疾病时，"康特尼对我说，"我知道，自己必须要采取行动了。压力来自于食物、恐惧、担忧、繁忙、不良关系、债务、情绪、杂物和其他许多内在和外在的因素。我知道，我能够控制这些东西。"

康特尼很快意识到，消除压力最有效的方法，就是简化她的生活。

"我以前觉得，自己这么拼命地工作，完全值得拥有更好的东西，我认为购物就是自己的'减压器'。但当我环顾家中，我开始意识到，实际上自己只是在积聚压力——不仅是照顾、打理这些东西须花费精力，还有购买这些东西带来的债务。当我开始清除多余的物品时，我感觉越来越平静，压力也越来越小。我甚至考虑还可以处理掉什么东西，才能找到更多的平静。"

康特尼向我讲述了三个花瓶的故事。这些瓶子里装着非洲菊的干花——这是她婚礼的纪念品——她把花瓶放在卧室中和丈夫共用的办公桌上。

康特尼记得，有一天晚上，她盯着花瓶看，然后问了自己一个问题："这些花瓶真的对我有益吗？我能做的无非是为它们打扫灰尘罢了！"于是，她决定将这些花瓶搬走60天，甚至都没告诉她丈夫一声。试验期满时，她意识到，丈夫甚至都没注意到花瓶被搬走了——她也没注意到。于是，她开始寻找其他地方，试验拥有更少的生活。

为了简化早上梳妆打扮的流程，并依旧保持一种特别的时尚品位，康特尼自己发明了一个名为"项目333"的试验。在为期三个月的过程中，康特尼允许自己使用全部衣物中的33件——包括鞋子和珠宝首饰（内衣、睡衣、运动服装不算在内）。

实际上，在三个月结束的时候，康特尼的衣柜变得更干净、更整洁了，而且，里面只有33件物品——这个数字她一直保持至今。

从那以后，几乎所有主要的新闻网络都报道了康特尼的经历，她的理念也被来自世界各地、成千上万的男男女女所接受。循着康特尼的极简之路，许多人（包括我自己）在每天清晨都找到了自由的感觉，我们不必再面对着塞满衣物的柜子，却找不到可以穿的衣服。

康特尼的试验还提醒我们，没必要马上把东西处理掉。在试验过程中，我们可以暂时地把东西放到一边，以后再决定如何处理它们——正如康特尼处理那三个花瓶和她多余的衣物一样，直至她确定自己不再需要它们了。所以，我们可以将难以立即处理的物品存放起来，直到我们决定如何处理它们。

这可不算是虎头蛇尾，这是一种策略。我称之为"权宜之计"。

极简主义与权宜之计

我们曾与丽兹谈及在家里实现极简化的决定——丽兹是金和我共同的朋友。当时，我们正坐在一个朋友的后院里，欣赏着新英格兰迷人的夏日黄昏，我开始与丽兹分享我们经历的各种变化。

我告诉她，自己清理车库时，听见邻居说，我们其实根本没必要拥有那些东西。然后，我谈道，我们将装满多余物品的几个纸箱放到地下室，直到我们决定如何处理它们。

就在这时，丽兹问道："你是在极简化，还是仅仅找了个权宜之计？听起来，你只是把东西从一个地方搬到了另一个地方。"

她的话使我不由得停下来思考。从某种意义上来说，她是对的：把多余的物品放在地下室与拥有更少物品肯定不是一回事儿，这并不是极简主义。我们并不会从物品中获得自由——直至我们永久性地将它们从生活中清除，我们并不会获得真正的自由。

不过，现在回想起来，我们当初把东西放到地下室去是重要的一步。这使我们有时间和空间为保留哪些东西、舍弃哪些东西做出更好的决定。

丽兹提到的"权宜之计"——其实也意味着一种挑战——真可谓用心良苦。不过，我决定迎接她的挑战，而不是去憎恶它。从那时开始，我已经在推广"权宜之计"带来的好处了。

几年前，我在一个活动上发表演讲，主题是"赋予人生命力的极简主义以及拥有更少物品的实际益处"。演讲结束后，一位二十五六岁的姑娘来找我，开始向我讲述她的故事。

这个年轻的姑娘获得了大学学位后，开始在本地的一家公司从事一份可以不用坐班的工作，这意味着她可以在任何地方进行远程办公。她很想出去旅行，利用生命中这段宝贵的时间看看外面的世界。但是，她对我说："我有个问题。我有个装满了东西的公寓，我很难和它告别。我很想去旅行——我确实想去，但我只能等自己把所有物品处理掉之后才能出发。您能帮助我找到动力，让这一切更简化吗？"

她提问的时候，我想起在那个温暖的夏日傍晚我和丽兹的对话。我为她出了个主意："如果你现在觉得很难与这些物品告别，也许你可以试着找个权宜之计。"

我给这个年轻姑娘的建议是："别让你拥有的物品阻碍你去追逐自己的梦想——租一个能满足你需要的最小的储物室，把所有的东西都放进去，然后去环球旅行。我几乎可以保证，当六个月之后，你回来打开那个储物室的门时，你会果断地清除其中大部分的东西。最终，把它们处理掉会比你曾经想象的要容易得多。"

她接受了这个挑战。现在，她拥有了关于旅行的无比美妙的记忆。

"权宜之计"已经成为我用来形容一种中间步骤的代名词，在清理各种杂物的过程中，很多人都会用到这个方法。

这种理念其实很简单。

如果你还没有完全准备好告别某件物品，那么，我建议你把它放进一个箱子。在箱子外面写下日期和对里面物品的简单描述。然后把这个箱子放到某个看不见的地方，也许就放在地下室、阁楼或者壁橱后面。

数月之后，你将发现，自己对这些物品在情感方面的执着已经大幅降低。物品和人不一样，人们很少会因某种物品的缺席而对它念念不忘。

一旦你接受了这种策略，就可以在需要的地方应用。我的另一个朋友瑞安·尼克蒂姆，以他的亲身经历生动地说明了这种方法能如何帮助我们。

打包聚会

　　瑞安·尼克蒂姆有着耀眼的头衔，丰厚的收入，一套大公寓和一只猫，用他的话来说就是："我拥有自己想要的一切，以及我应该拥有的一切……我的猫咪和我就生活在'美国梦'之中。"

　　瑞安会告诉你，尽管从外表看一切都很完美，但他却觉得缺失了什么。"尽管我挣了不少钱，"他说，"我同时也债台高筑……追求'美国梦'让我付出的绝不仅仅是金钱：我的生活充满了压力、焦虑和不满足感，我过得很沮丧。我也许看起来很成功，但我确实没有成功的感觉。事情已经发展到这样一个临界点——我再也不知道什么对我来说是重要的了。"

　　瑞安毫不知情的是，与他有25年交情的、他最好的朋友乔舒亚·菲尔德·米尔本，在清理刚过世的母亲的遗物时，发现了极简主义的理念。那次生命中的危机，再加上最近的婚变，激励乔舒亚去重新找寻对他而言最重要的事情。在过去的几个月中，乔舒亚不仅处理了母亲留下来的物品，还丢弃了自己生活中一些不必要的物品。

　　某个工作日，两人共进午餐时，乔舒亚鼓励瑞安考虑一下拥有更少物品的可能性。他建议瑞安："一旦你把那些杂物都清理干净，你就会为真正重要的东西找到空间。"

瑞安决定，就照乔舒亚说的去做。

而他采取的办法则是我听说过的最为独特的方式之一。

瑞安和乔舒亚决定举办一个"打包聚会"。

两人花了九个小时，把瑞安公寓里所有的物品都装进了箱子里。要知道，瑞安的公寓有三间卧室，我说的所有物品，包括了所有房间、壁柜、抽屉里的全部物品，他们甚至用床单把家具都盖了起来。

瑞安接下来面临的挑战很简单：只有在需要什么东西时，才打开箱子。

两周结束时，瑞安很震惊地发现，有许多东西还被装在箱子里——根本不需要或者很少用到。这个发现使瑞安重新评估了他需要优先考虑的事情，以及自己生命的意义。

试验进行了几周之后，他这样总结自己的发现："你是否曾经停下来思考，自己对生活的定义从何而来？我们都相信自己需要一套房子，我们都相信要养2~3个孩子，我们相信'美国梦'里的家庭需要有两辆汽车……我不确定，我对生活的看法来自何处，但是，我已经开始重新思考它们。

"我忽然发现，自己公寓里面的东西——我打包起来的箱子，不再像我以往所相信的那么重要。我打包了许多东西，这些都是我确实认为自己应该保留的。我深深相信这一点。然而，箱子里的大多数物品就放在那里——被搁在一边，没有拆箱，没有被使用。"

你没必要像瑞安那样将"权宜之计"发挥到那种程度。你也没必要将所有的东西都打包。但是，不要犹豫，将任何你觉得可有可无的物品打包放在一边。

当你清理那些不需要的物品，并改变对生活的看法时，实际上，你已经走上了极简之路。

你与自由之间只差29天

你可以用许多种方式尝试靠更少的物品生活。我建议你在任何一种方式中尝试这么做：将数字29融入其中。

当金和我开始做各种尝试，看看我们离开哪些物品却不会影响生活时，我们经常给这些试验确定一个29天的期限。为什么要这样呢？好吧，29天只是一个看起来能够控制的时间段，它还不算是一个月——就像是售价为9.99美元的东西看起来要比标价为10美元的相同物品更容易负担一般。

不过，29天也是相当长的一段时间了，在大多数情况下，对我们来说，这段时间足以让我们决定是否要保留一些东西。

我们的朋友丽兹说得没错——我们并不想把装在箱子里的东

西永远保存在地下室里。如果我们自己不再需要了，最好是趁早把它们送到慈善物品收集中心。但是，我们需要一个截止时间。对我们来说，29天听起来非常合适。

数字29有什么魔力吗？当然不是，不过……如果它能让你限定自己的试验期限并使之顺利完成，那么，没错，它就是有魔力的！

如果你可以在没有那些东西的情况下，快乐地生活29天，那么，你很可能会永远快乐地生活下去，而无须那些东西。

所以说……

无论你想尝试没有哪类物品的生活……

无论你是希望清理它们，或是限制自己使用……

无论你希望自己的试验持续多久……

你都可以用自己设定的这类特别的参数，在日历上标出终止日期，然后开始行动。

如果你想得到一些实用的建议，我可以提供以下的参考意见。

衣物

许多人的衣柜里都装满了自己不再穿，甚至不再喜欢的衣物，它们只是在占地方而已。所以，你可以把衣柜当成开始你极简生活的地方。

如果你只用到全部衣物的50%，甚至是25%，你是否不受什么影响呢？我打赌你可以做到，而且，我也保证，当你看到挂在衣柜里的每件衣服都是自己衷心喜爱的，你会发现，妥妥帖帖地打扮自己也更容易了。

康特尼·卡佛在33天中只穿了33件衣物，你也可以试试她的方法。

或者，还有更简单的办法，那就是使用那个"神奇的29天"法则。

试验：从衣柜里拿走29件衣物，并在未来29天中不再穿它们。

装饰品

如果你和大多数人一样，家里有许多的装饰品对你本人而言并没有价值，它们只是恰巧与家里的色彩很搭配，或者当你走进商店时，它们正被减价促销……不幸的是，它们分散了客人的注意力，使他们无法关注你家中那些真正体现你的价值观或者有故事的装饰品。

那么，请花点儿时间，以审视的心态检查每个房间，把那些可有可无的装饰品取走。如此一来，你将拥有一种更专注、更有格调的生活。

试验：把29件装饰品（或大约占全部装饰品的29%的部分）移走29天。

玩具

每当我听见家长们抱怨，孩子有太多乱糟糟的玩具时，我都想反问他们一句："你觉得这种情况是怎么发生的？那些玩具并不是你的孩子买来的。如果家里的玩具太多了，你才是那个该受责备的人。"但我没法把这些话大声说出来，只是自己想想罢了。

不过，我依旧相信，拥有更少的玩具对孩子有益无害——孩子们将显示出更强的创造力，培养出更长时间的专注力，并且对他们真正拥有的玩具也更加重视和爱惜。

尽管在处理不再使用的玩具之前，你可能要征求一下孩子的意见，实际上，他们更可能在几周之后就彻底忘记了那些旧的、不再用的玩具。

试验：将孩子们玩具的大约29%的部分拿走29天。在这期间，我会记录下孩子们向我要了哪件被拿走的玩具（如果有的话）。

厨具

厨房里的储存空间好像永远不够用。但是，相比之下，我们的祖母们却能在更小的、设备更少的厨房里，更频繁地做出更复杂、更美味的大餐。

这件事的真相是：谈到做饭，简单几乎永远是更好的选择。我们真正需要的厨具，其实要比现在所拥有的厨具少很多。试着从你家的厨房里拿走29件厨具，在未来的29天中，把它们放在一个塑料桶里。看看在全新的、没有杂物的厨房环境中，你是否会更享受烹饪的过程。

试验： 把29件厨具保存起来，在未来的29天之内不再用到它们。

家具

如果你已经准备好迎接挑战，并把家里多余的家具搬走，你的家里会立刻变得宽敞许多，空气流通也更好。可能你根本没意识到，家里那些几乎不怎么用的家具占了多大的空间。

当然，这需要你在试验期间有地方储存这些家具，但这却是清除家中占地面积最大的杂物的方法，而且，可以使家里的面貌立刻焕然一新。

试验： 从家里的每个房间至少搬走一件家具，并把它们保存29天。

在未来的29天中，你不再会考虑添置更多家具，也许，利用这段时间，你能决定在舍弃多少家具的情况下，改善自己的生活。

所罗门王的感叹

按照《圣经》的记载，古代以色列的所罗门王积聚的财富之多，令与他同时期的君王们望尘莫及。通过向附属国征收贡品，所罗门王每年可以征收666塔兰特的黄金（相当于25吨）。如果每盎司黄金价值1000美元，那就相当于每年8亿美元，而这还不包括他通过征税和贸易往来得到的收入。

他挣的钱要以"吨"来计算，而他也将全部的钱财挥霍一空。

从某些方面来说，所罗门王的所作所为，与我们在本章中谈到的那种试验恰恰相反。他极力追求一种奢华无度的生活。他对自己说："现在，来吧，我将用享乐来考验你，让你知道什么才是好的！"

他是这样总结自己的生活的：

我担负着伟大的事业：我为自己建造房子，种植葡萄园。我建造花园和公园，在里面种满各种水果树。我建造水库，用于灌溉郁郁葱葱的树木。我购买男女奴隶，并拥有在我的房子里出生的其他奴隶。我比此前耶路撒冷的任何一个人都拥有更多的牛群和羊群。我为自己积累金银，收藏来自世界各地的珍奇异宝。我买下男女歌手，也拥有一座后宫——这令男人心灵愉悦。我要比在我之前耶路撒冷的任何一个君王都更伟大。

他将自己的试验发展到了极致，他说："我目之所及的一切，都要归我所有！"

那么，他试验的结果如何呢？在他生命的尽头，所罗门王在他的日记中写下了以下文字，你可以听出他语气中流露出万念俱灭的伤感：

> 当我审视自己双手所做的一切，
>
> 我千辛万苦实现的一切，
>
> 一切都毫无意义，宛若随风而去……

徒劳无功——这就是所罗门王最后找到的。

在我看来，有意思的是，所罗门王所做的一切，恰恰是今天许多人正在努力尝试的（尽管规模要小许多），他们也正在尽可能地将更多的钱财花在自己身上。正如以色列最富有的国王一般，他们也在体验着幻灭、空虚的感觉。

为什么不谨慎一些呢？让我们用另一种方法，体验一下依靠更少物质的生活。我相信，我们将在自己的生命中体验到全部的满足感和成就感，而这正是富有的所罗门王梦寐以求却始终未能找到的感觉。

永不磨灭的工具

常有人问我："我要如何区分需要和欲望呢？"

我的答案总是如出一辙："如果你试着脱离某件东西生活一段

时间，就自然会知道。"

现在，你已经知道如何创造一种试验，它将告诉你什么东西应该从家里搬走，什么东西应该继续保留。如果你有家庭，如果你的家庭充满活力，可以让其他家庭成员也参与到试验中来。当然，即使只有你自己进行这些试验，它们也可以同样有效。

最重要的是，行动起来！不要想得太多，不要拖延，不要担忧。只要去做就好了！

无论如何，它只是一个试验。

如果它行不通，那就放弃它，再去尝试其他的试验。

在你开始极简生活的早期，依靠更少的物品生活的试验最为有效。因为那时，你正在努力将自己的物质生活设定在一个更低、更具有可持续性的水平上。

但是，即便你已经享受那种更简单的生活方式很久了，你可能也会不时地希望开始某种试验，借以调整自己的生活方式，或者帮你适应新环境。

比如，当我和太太变成了空巢老人，我敢打赌，我们最终只需要一辆汽车。至少，你可以相信，我们有能力用29天的时间尝试只有一辆车的生活。

请挑战自己，找出家中不再需要的物品。当你发现，自己想过的那种快乐而有成就感的生活所需要的东西竟然那么少，你将感到无比的自由和轻松。

第九章

维持你的极简主义生活

　　如果你在阅读本书的同时，听从了我的建议，已经从整理简单的物品开始——处理掉了在家里明显不需要的物品——开启了自己的极简生活旅程，随后，你开始清理家中更难处理的地方，按照一定的方法逐个房间地进行清理。在这个过程中，你学会了使用试验法的技巧，尝试着在一段时间内过没有某些物品的生活，从而判断自己是否真正需要它们。

　　最终，你将达到这样一个阶段——你已经把物品减少到适合的数量，这时，你能最大限度地发现对你来说是最重要的价值观，同时拥有最少量的物品。

　　这种感觉简直太棒了！

　　但是，如何才能保持这种状态呢？怎样才能防止那些杂物再回来呢？

　　我倒是有个答案：立刻开始养成能够让自己保持极简成果的习惯。

　　当人们试图改变任何生活中的坏习惯时，这样的建议很明智：我们不仅仅要停止做有害的事情，还要用一种完全不同的、更好的行为取而代之。

举个小例子，那些努力戒烟的人经常用嚼口香糖代替吸烟。如果他们没有采取这种替代行为，他们可能会发现，自己会重拾烟瘾。

大自然厌恶真空的状态，总会有东西迫不及待地涌进来将真空填满。看起来，人的本性也是如此。

如果你不希望看到自己家中刚刚清理干净的地方被填满，那么，就应该建立一种新的行为模式。这不仅能帮助你实现极简主义生活，更可以帮你保持那种状态。这就好像那些减肥者已经实现了目标体重，但还要努力保持一样——你也要制定一个计划，有效地维持极简主义的生活方式。

我建议你养成五种习惯，任何人都可以采用这些方法巩固极简主义的成果。我将教会你——

· 让家庭保持干净、清爽的每日、每周流程；

· 消除过度消费对你的影响；

· 在闲暇时间可以做出的最有帮助的一项改变；

· 如何应对圣诞节、生日这样的特殊时刻，以及其他需要送礼的场合；

· 如何从不同的视角审视自己已经拥有的一切。

我将从十种最简单、最有帮助的方法谈起，你可以将这些办法融入日常生活中，使家庭成为平静安宁、秩序井然的避风港。这些也是我自己定期要做的事情，我可以向你保证，它们确实很有效。

杂物的极简化处理

有些人被家里的杂物弄得不知所措。他们认为，最好的解决办法就是各种收纳容器和整理工具。我在第二章就驳斥了这种错误的看法。

此外，还有一种类似的错误观念——先把乱糟糟的东西清理好，再把东西放回原处——他们觉得这样就能把问题搞定。

事情的真相是，把东西弄整洁，远远不能使家里保持一种不再为我们增加负担的状态。要想真正实现那种理想状态，我们必须进行极简化——真正减少家里物品的数量——我们必须要去除过多的拥有。

不管怎么说，一旦你在家里实现了自己想要的极简化，保持整洁确实能够维持那种状态。

这需要将整理的行动融入日常生活，使杂物根本没机会回到你的家中。这时，你会发现，清理的过程并不困难，也不会造成负担。毕竟，当你已经实现了极简化，根本就不会有太多东西需要搬走。每件物品都有它的功能、目的，每件物品都有它该放的位置。

所以，你需要做到：

1.每天清晨整理床铺。杂乱往往会引来更多杂乱，最容易看到这种状况的地方就是卧室。你的床就是房间的中心所在，如果床没有被收拾整洁，各种杂物就会在它周围聚集。清理卧室的第一步，就是把床上床下打扫干净，然后整理好卧具。每天无杂物生活的第一步就是：在每个清晨，最先把床整理好。

2.马上洗碗。用手洗碗，要比把它们放在洗碗机里清洗更快。这也适用于杯子、早餐碗、晚宴餐盘和各种银器。如果你在用餐结束后立刻动手洗碗，其实根本花不了多少时间。如果不能用手洗，一定要确保将用过的碗碟立刻放进洗碗机——没有人愿意走进一个洗水槽里堆满脏碗碟的厨房。

3.填满回收容器和垃圾桶。借着每个垃圾清理日，填满回收容器和垃圾桶。从阁楼整理一箱废旧物品，从游戏室里拿些坏了的玩具，办公室里的旧文件——无论是什么东西，然后，把它们放在清洁工人方便拿走的地方。你将很快掌握其中的要领，你甚至可能会盼望下一个垃圾日的到来。

4.大衣柜里要留出些空间。你的外套、靴子、外衣总是散乱地放在房间的各个角落，而这一切都是有原因的。这是因为你的大衣柜实在太满了，想快速地把衣物放好再取出来，实在是太麻烦了。所以，应该在大衣柜里留出一些空间，这样，家庭成员就可以快速把衣物放进衣柜，并很方便地取出来。

5.保持所有台面的干净整洁。厨房的料理台、浴室柜和卧室的梳妆台、餐桌桌面、书桌桌面——这些区域都会自然地聚集各种杂物。把厨房的电器拿开；把硬币都收好；把发票归档；把化妆品都放在化妆台上。注意，家中所有的台面，只要有需要，就立刻把它们整理干净。

6.**立刻完成一两分钟可以搞定的事**。杂物通常是拖延的产物——悬而未决的决定或者没有完成的小任务，都会导致杂物产生。你需要在家里用一条简单的规定对抗拖延症：如果一件事情可以在2分钟之内搞定，必须马上就去做！把垃圾带出去，擦洗锅具，把遥控器放回去，把脏衣服放进洗衣篮……这样就会阻止杂物的积聚。

7.**看完的杂志或报纸，可以随手处理**。如果你在里面发现了好菜谱，把它放进菜谱盒里；你丈夫可能会喜欢那篇文章？把它剪下来，其余的回收；发现超值的优惠券了？把它剪下来；除了把房间弄得乱糟糟的，成堆的杂志、报纸基本上没什么价值。

8.**无用的信件立刻放进垃圾桶**。注意流入你家里的各种信件、海报……在信件投递处附近放一个垃圾桶，让那些垃圾信件甚至都无法到达你家的桌面上。这么做还有一项额外的福利，你会开始更少地关注那些东西，也更少被广告吸引，去购买你不需要的东西。

9.**马上整理好衣服**。谈到衣物，我曾是那种把它们都扔在地板上的家伙。现在，只要我脱下一件衣服，我都会马上把它放好——脏衣服放进洗衣篮里，干净衣服挂在衣架上或者放回柜子里。就这么简单！

10.每天晚上把所有物品放回原处。告诉孩子们，每晚都要把他们的玩具收好。对你自己负责的物品，也要这么做。环视一下整个房间，把你看到的放错位置的东西都拿起来，放回原处。每晚都坚持这么做，你就会在清新、整洁、没有杂物的家里迎接每一个清晨。

下一步，为了避免有更多物品需要整理，我要在你和过度积聚的物品之间竖起一道屏障。

让你的衣柜瘦瘦身

莎拉·派克努力维持着自己的财务收支。她毕业于一所常青藤大学，拥有建筑学学位，但是，因为生活在旧金山这样一个大都市，房租未免过于昂贵。凭她初级职位的薪水，每到月底都会感觉到捉襟见肘。

而且，她和朋友们不得不花大把的钱，让自己在有很强衣着意识的社会里保持精英白领的形象，这也令她颇感沮丧。

"当我想起这件事的时候，"萨拉对我说，"我意识到，像杂志封面上那些400美元一套的服装，积累起来可是一大笔钱。如果你每天换一身衣服，那么，一个月下来，仅在服装上就要花12000美元。你可能觉得我是在开玩笑，但我认识的一些人，她们每月仅花在服饰上的信用卡债务就高达20000～30000美元！可以说，形象对女性的压力真是太大了。"

于是，在一年的时间里，萨拉开始清理自己的衣橱，只保留了几套最喜欢的衣服。她带着自己不再需要的大包衣物和没怎么穿过的鞋子往慈善机构跑了二十几趟。

那还不够！她决定，在未来的一整年里，停止购买新衣服。这可不是我们在前面一章里读到的试验法。萨拉已经相信，她可以在不买新衣服的情况下生活一整年。而且，这正是她彻底打破以往的购衣习惯，并建立更健康、更负责的购物习惯的办法。

果不其然，这个不买新衣的原则，改变了她对生活的看法，并帮助她坚定了自己过极简主义生活的决心。

"只是简单地拒绝购买新衣服，"她回忆道，"我开始觉得，自己被赋予了新的力量——这是我的生活，我可以按照自己的意愿生活。我开始能在月底时有些结余了。我找到了一种全新的、自由的感觉，可以把钱（和我的时间）花在生命中自己真正喜欢的事情上。我有了更多的时间和朋友们相处，去参加体育活动——这两件事都是我超级热衷的。"

萨拉·派克停止购买新衣12个月，这彻底改变了她对"什么才是生命中最重要的"这个问题的看法。

我认识的其他一些人，也对自己实行了各不相同的购物禁令。

比如，凯西·沃克史丹利决定再也不买新物品（除了内衣和易腐物品），迄今为止，他已经坚持了8年之久；阿什·巴瑞特坚持在200天之内不买新东西；凯·弗兰德斯在一整年的时间里，除了杂货和家庭消耗品，什么都没有买。她在自己的试验期内，甚至拒绝购买外卖咖啡。

谈到食物，杰夫·辛巴格和他的太太曾连续七周没有购买任何食物（除了牛奶），他们想看看，仅靠吃家里已有的食物能坚持多久。这次经历永远地改变了他们对如何购买杂物的看法。

在和全国各地的朋友交流时，我意识到"对自己设定购物禁令"已经很普遍了，这甚至发展成了一种趋势。许多人都决定在一段时间内不再购买东西，这也令他们重新确立了自己的购物模式。

我鼓励你也这么做，通过设置购物禁令，寻找到更多自由。在短时间内，它就能打破你购买不必要物品的习惯，并为你取得长期性的更大胜利奠定基础。

识破电视中的消费陷阱

电视机，就像是独眼的催眠师，将观众催眠之后，让他们对自己唯命是从。通过频繁播放的商业广告，电视不遗余力地说服我们去购买自己不需要的东西。同时，电视上所"秀"的那些奢华的生活方式也吸引着无数人。

虽然其他形式的媒体，比如在线广告，也会诱使我们过度消费。但在推广本书第四章所描述的那种消费主义方面，没有任何媒体可以与电视相提并论。但这种推广实际上是有毒的，我们必须把全神贯注盯着屏幕的目光，从电视屏幕上移走。

好吧，我再说一次。较少并不等于一点儿没有，你可以先把自卫的武器放下。我确实是在宣传少看电视，但并不是说彻底不看。

有很多电视节目也有着很不错的教育意义，而欣赏娱乐节目也不一定是在做无用功。我家里也还有一台电视机，我们一家人偶尔也看电视。只不过，我们确实看得很少。我认为你也应该这么做。对此，你可以采取一些实际的方法。

也许，泛泛地说一句"我从今天开始停止看电视"听起来更容易。但对我而言，刚开始时，选择放弃一些对自己可有可无的电视节目则更简单。当我们开始体会真实地活在自己生命中的益处，而不是眼睁睁地看着电视里别人的生活时，我们就更容易减少看电视的时间了。

从今天开始，你可以列出自己可以轻易放弃的电视节目清单。或者，用一种更好的方法，想出一两个你确实想看的电视节目，限制自己在未来的29天内只看这些节目。

另外一个方法是，限制你家里电视机的数量。在发现极简主义之前，我家里有四台电视机。但是现在，我再也不会让电视机

的数量超过一台。当我们把电视从厨房搬走，我开始发现，自己
有多么喜欢做饭。而当我把电视从卧室里搬走，则提醒了自己，
我是多么喜欢二人世界的亲密融洽。

如果有必要，你可以只尝试减少观看的电视节目的方法。但
是，除了你之外，你的家人可能还没有做好这方面的心理准备。
这些都没问题，你可以先在自己的生活中做出改变。套用圣雄甘
地的话说——让自己成为那个你希望在家里看到的"改变"。

相信我，随着时间的推移，这一切都会变得更简单。

电视媒体往往会宣称，某档节目或剧集"观众最多""不能错
过的剧集"或者"年度游戏"……电视广告商们经常会利用我们
"害怕错过什么"的恐惧心理。

他们对我们说："所有人都在看！"但是，当你承诺少看电视
之后，就不会再轻易地被这些说辞说服。很快，你就会发现，自
己其实什么都没有错过！

学会更理智地赠送礼物

赠送礼物是个很美好的传统，它可以传递快乐并创造美好的
记忆，同时也将人们聚在了一起。赠送礼物是一种爱的语言，对
此，我表示尊重，我也不想剥夺其他人收到礼物的权利，我和周

围的人一样喜欢收到礼物。不过，我的天啊，当我们的社会变得越来越富裕，赠送礼物这件事儿也变得越来越离谱。

想想一年中我们收到和送出的全部礼物吧。

美国的节日购物者们，在圣诞节期间，平均每人在购买礼物上要花费800美元。此外，我们大多数人在生日时也会收到几件礼物。一整年下来，我们还有其他各种需要赠送礼物的场合，比如，情人节、复活节、母亲节、父亲节、祖父母节，甚至老板节。

别忘了还有一些特殊场合，包括结婚纪念日、乔迁派对、毕业典礼、洗礼以及成人礼，等等。

哪怕有任何极小的机会可以将购买礼品变得合理化，你放心，一定会有正在积极推广的零售商。

对我们这些极简主义者来说，这真是够了！我们恨不得举起手来大声喊："停止这疯狂的行为吧！"

为了避免收到不需要的礼物，将已经实现极简化的家弄乱，我们该怎么做呢？这可有点儿棘手，因为你还要考虑赠送礼物者的心情。

不过，我相信，还是可以对自己希望得到礼物的数量和种类制定出一些基本规则的：

提早告知你的礼物需求

你可以列出一份礼品清单，在节日、生日、庆祝日之前提供给家庭成员——这堪称是限制杂物收集的有效工具。试着提供价格范围比较广的礼物选项，提供这些选项时，请遵照这个公式：要求质量优于数量，需求优于欲望，体验优于物品。

要求向慈善机构进行捐助

当然，人们总希望通过赠送礼物这种实际的方式表达他们的爱。不过，这并不意味着他们一定得为你买点儿什么东西带回家。有这么一种趋势，就是要求送礼者向慈善组织进行捐赠，以代替实际礼品。如果你尚未尝试过，或许，可以试试这种方式。

当你知道，原本计划用来为你买一件你并不需要的新毛衣的钱，可以捐给学校用作奖学金，从而改变另一个孩子的命运时，那种感觉真是棒极了！

对待家人要耐心

如果你刚开始追求过拥有更少物品的生活，就不要期望家里的其他人一上来就能理解你、支持你。然而，最终，通过你的行为，他们将会认识到，这是你正在努力找寻，并将长期坚持的一种生活方式。那么，他们赠送礼物的习惯也将会发生变化。

消除内疚感

你和家人也许要花上一段时间，才能分清哪些礼品可以为家

庭增值，哪些礼品只是增加了杂物。对孩子们来说，可能要花上
几个月的时间，才能决定哪些玩具只是昙花一现，哪些玩具将成
为真爱，请给他们留一点儿时间。

你可以清除那些不需要的东西，而不必感到内疚。尤其是如
果把礼物转送给别人会更有用处时，你可以毫不犹豫地把它们送
出去。如果赠送礼物的人发现你这么做，他或她也应该意识到，
你有权将礼物转赠给他人。

礼尚往来

你会希望、期望、盼望别人送的礼品与自己的愿望相符。当你
给别人赠送礼物时，也需要体谅别人。比如，某种礼物可能更符合
你的喜好，但你的兄弟姐妹、父亲母亲不一定会同你品位一致。

如果他们想得到一双新鞋，就可以为他们买双新鞋。如果他
们明确提出，想在生日得到一张商场的礼品卡，就可以考虑送他
们一张礼品卡。馈赠礼品是表达爱意和感激的机会，你可以在其
他时刻，再倡导自己的反消费主义。

常怀感恩之心

如果我们想要保持极简生活，就需要用感恩之心代替受周围

文化氛围影响的贪婪之心。

我曾前往世界各地的发展中国家，并亲眼看到贫困的人们如何生活。按照美国的标准，他们中许多人的贫困状态是难以想象的。然而，我曾在一些最贫困的地方遇到过充满感恩之心的、知足常乐的人们。

有一次，在圣萨尔瓦多市，我坐在露西亚和她两个女儿的家里，两个女儿分别是15岁和3岁，她们的家只有一个房间。这家人几乎没有生活来源，只靠贩卖后院养的6只鸡下的蛋挣点儿钱。但是，我在她们的家里却感受到了从未体验过的热情好客和慷慨大方。

每个人都可以心怀感恩，无论我们的生活境况如何，我们每天都可以做出这样的选择。

以现实环境来说，我知道，有些原因会更容易使人们心怀感激。当你的家温暖舒适，当你正在享用美餐，当你的孩子的成绩优秀，当你感到周围的一切事情都很顺利……这些都很容易让你有感恩之心。

但在其他时候，感恩之情又显得那么难以捉摸。当你正遭受某种挫折时，感激之情可并不会快速现身。而那些时刻才是我们最需要它的时候，因为正是感恩之情带给我们的力量、乐观精神和洞察力，才使我们最终渡过难关。

对我们而言，将感激之情作为刻意养成的习惯，要比只把它视为自发反应更具有价值。所以，我们努力通过关注和自律培养感恩的态度，这对我们而言的确是件好事。

当一切顺利时，我们需要练习让自己心怀感激；而当遭遇困境时，我们更需要培养自己的感恩之心。我们越朝着那个方向训练自己，越能在需要的时候拥有感恩之心。

你知道，感恩之心能够改善我们整体的幸福感吗？科学研究多次证实了人们期望的事实：懂得感恩的人是更幸福的人——"感恩之心帮助人们体会到更多积极的情感，经历各种美妙的体验，改善健康，应对逆境，并能帮我们建立强大的关系。"

此外，那些更懂得心怀感恩的人，对物质的追求也更低。

心怀感恩是一种原则，并非一种情绪，请努力在生命中养成这个习惯。

请你考虑以下这些有益的理念，激励自己常怀感恩之心：

· 找寻简单的快乐，并为此心怀感激；

· 回忆以往人生经历中美好的事情（尤其当你现在正处在多事之秋）；

· 每天花几分钟时间，在日记中记录下你所感恩的事情；

· 在那些不如意的时刻，表达自己对生活、对他人的感激之情。

· 如果你经常祷告，在每次祈祷之前，用特定的语言感谢上帝；

感恩之情能帮助我们更好地理解自己在这个世界上的意义，

它将我们的赞美带给那些值得拥有赞美的人。

无论我们目前境遇如何，感恩之情都使我们更关注发生在自己身上的美好的一切，它几乎可以在各个方面提升我们的幸福感。而最终的结果是，它果真为我们带来了满足感。

当你的欲望更少，你会发现更多

拥有更少的确很棒！但我发现还有更好的事情：需要更少了！也许，你已经发现了同样的事情。

当我们意识到，那"想要更多东西"的欲望已经无法控制我们了，那种感觉多么美妙！正如在《绿野仙踪》里，大魔术家告诉多萝西："不要注意那个站在窗帘后面的男人！"但是，我们已经偷偷往窗帘后面看了，我们看到——物质积累并非像它鼓吹的一样，没有它，其实我们会过得更好。

没有人可以说服我们走回老路。除了追求更少，没有什么会使我们满足。

这样，我们就有了新的价值观，以及与之相匹配的新习惯：

·每天清理房间，令家里清新舒适；

·实施自己的购物禁令；

·少看电视；

·在赠送礼物的习俗中多多留意；

·练习拥有感恩之心。

这五种便捷的方式，能帮助你建立更有益的新习惯，并将那些使你不堪重负的习惯赶走。我建议，不要仅仅将极简主义视为一种试验，而是将它作为你所习惯的生活方式。

如果你和家人一起生活，那你就又多了一个将极简主义永久地根植于生命中的原因：你要考虑如何将家人也引导上你所走的那条拥有更少的道路，并感到乐在其中。我会告诉你该如何行动！

第十章
让家人参与其中

当我面向不同的群体讲述极简主义理念时，我喜欢解答人们的问题。

有些人刚刚开始吸收这个观点，或者刚开始接受这种生活方式。而我遇到的那些最真诚的问题，往往是关于家庭的。通常，这些问题包括：

·"乔舒亚，您的确让我接受了极简主义，但是，我太太（或是丈夫）绝不会同意让我把那么多东西都处理掉。仅仅我一个人想成为极简主义者，几乎毫无意义，我该如何说服我的另一半呢？"

·"我们家有小孩子。他们根本不会理解'极简主义'这个词是什么意思，他们只知道，自己喜欢永远拥有那么多玩具。如果我试着把他们的东西拿走，几乎现在就能听见他们的尖叫声。您能帮帮我吗？"

·"我女儿快17岁了。她太喜欢买衣服了，而且喜欢拥有和其他十几岁的孩子一样的东西，把她变得和别的高中生不一样，是不是有点儿残酷啊？而且，现在开始让她过极简生活是不是太晚了？她用不了多久就要离开家独立生活了啊！"

　　你是否也有上面这些类似的问题呢？

　　如果你也有家庭，我知道，你迫切希望就实现极简主义与家人达成一致，那样，你们就可以共同尝试一种更简单的生活。当然，即便你目前尚未成家，本章也会对你有所帮助。

　　我对你的鼓励，源于多年来与众多家庭合作的经验，这些家庭与你家的情况很相似。

　　我认为，你完全可以鼓励家人和你一起尝试极简主义的生活方式。不仅你的整个家庭将达成过一种"拥有更少物质"的生活目标，他们实际上也会对未来的变化感到很兴奋。这也许要花些时间，但实现那个目标的过程，就是教育其他家庭成员的过程。

　　在极简主义的道路上，你应该与父母、妻儿、朋友共同前进。

　　在这整个过程中，我所考虑的事情可能是你以前并没有想过的：与家人分享极简主义生活理念，实质上是一种爱的体现。

　　正如你发现的——极简主义令你感到自由，并赋予你新的生命，你的配偶和孩子们也会有这种感觉。他们也可以由此变得压力更小，更有满足感，能够更好地追逐自己的梦想。这难道不是你希望他们也得到的吗？与他们分享极简主义，是你能为他们做的最好的事情之一。

　　别让自己被这些挑战吓倒，让你对家庭的爱来激励你。从现在开始，请帮助家人得到这份生命的礼物，一种更加简单，却更令人有成就感的生活方式。

协调和伴侣之间的关系

　　那些选择将极简主义作为自己生活方式的人可能会面对各种质疑，这些质疑可能来自朋友、同事或者父母。但如果你明白，质疑最大的人往往会成为你最大的支持者，你会怎么做呢？

　　当你的伴侣并不期望遇见那个全新的你时，又会发生什么呢？在一起生活的事实只会使事情复杂化，因为毕竟你们共享生活空间，也共享物品。

　　首先，可以和伴侣谈谈这件事。向他（她）解释什么是极简主义，为什么它很吸引你。当然，也可以与伴侣分享这本书。

　　描述一下你的愿景，告诉他（她）极简主义为何会对两个人都好。你可以明确表示，自己倡导极简主义，并不是要对其他理念进行攻击或批评，而是因为你很爱自己的伴侣，认为极简主义对他（她）而言也会有好处。然后，你可以听听伴侣有什么要说的。

　　你要审慎地准备好，在什么时间、以什么方式开始这番对话。通常，我们关于杂物的讨论往往源于某种挫败感，而这种感觉反应在表面上，就是向另一个人发起攻击。如果你因为大衣柜太满，或者抽屉已经关不上而感到沮丧，这绝不是聊这个话题的好时机。

恰恰相反，你需要找一个安静的时刻——在一起喝咖啡或者外出用餐时，与对方分享你最近学习了什么理念，你如何感觉自己的家将因此而受益。你总是要关注极简主义的好处以及它给生活带来的积极改变。

请记住，关于极简主义的对话不可能只有一次，通常会有许多次的对话和讨论。所以，即使伴侣看上去很抵触，你也要以平静、理性的方式与他（她）讨论这个问题。当澄清了误解，消除了分歧之后，你可能会发现，自己的伴侣开始逐步了解极简主义描绘的愿景了。

与此同时，你一定要抵抗住未经伴侣允许就搬走某些物品的诱惑。你可以先从自己的物品开始，尽可能地实现极简化，而不要涉足两个人的共享空间。

简化自己物品的行为，并不是在漠视伴侣的情况下自发进行的极简主义活动，它更像是在显示极简主义的好处。行动胜于言语——可以经由那种没有杂物的生活去说服、感染周围的人。

在你们共享的大衣柜里，属于你的那一侧没有任何杂物，这要比解释80/20法则更有说服力，他或她自然也会被那干净整洁、焕然一新的桌面或床头柜所吸引。

示范是一种很重要的工具。别忽视它！我们通常会认为，这没有什么积极影响，还不如直接把自己的意志强加于人更有效。但这时，一定要保持耐心，继续过那种只靠自己努力就能拥有更少物品的生活，而这种生活产生的影响肯定会给予你回报。

曾经有个女士告诉我，她用了整整五年的时间示范极简主义生活，她丈夫才开始领悟它的好处。你不能直接就要求伴侣追随你，只能日复一日地展现这种生活方式。

随着时间的推移，你会与家人就实践极简主义达成共识。

你的家里很可能有公共区域，也会有大家都同意要清理的杂物。无论你的目标是一个装满杂物的抽屉，厨房的料理台或是车库，即便是最糟糕的囤积者，通常也会得出结论：一定能清理掉一些东西（无论那个被清理的空间有多小）。

你可以询问伴侣，是否可以清理掉家中特定区域里的杂物。比如，你可以问："是不是觉得浴室抽屉里的东西太多了？"从那时开始，当你有特别希望实现的目标时，会惊喜地发现，伴侣有多么支持你！

如果你发现，自己的伴侣在极简主义方面进步缓慢，而由于你拥有的东西越来越少，很想体会由此带来的空间和自由，那么，可以找个房间（甚至是房间的一个角落）作为自己的庇护所——这可以是一个完全没有杂物、噪音和干扰的区域。你在这里度过的时间，将使自己变得更平静，并能精力充沛地成为最好的伴侣和父母。

请保护好这个空间，并充分利用它。与此同时，你可以耐心地等待伴侣，一起走上极简主义的旅程。

获得伴侣的支持

当我太太和我决定成为极简主义者的时候，我们约定，一起追求这种新的生活方式。不过，这并不意味着，从那时起一切都是一帆风顺的。在整个过程中，对要抛弃多少东西，保留多少物品，如何改变我们的购物习惯等问题……我们有过无数的分歧。

从一开始，如果我想处理掉80%的物品，我太太就想处理掉60%。这意味着，刚开始的几轮极简主义浪潮进展顺利，但最终，当我还想继续缩减物品时，我太太却开始反对了。

在我们开始极简主义之旅仅四个月之后，8月22日，我从彼此的分歧中得到了难忘的教训。

我如此清楚地记得这个日期，是因为这天正好是我儿子的生日，我们想为他办一个运动主题派对。此前的一周，我主动把厨房的抽屉都清理干净了。这样一来，我就把那些运动主题的果冻模具全扔了，可她却计划在派对上使用这些模具——她在厨房里发出的叫喊声，那声调准确无误地表达了她的失望与不满。

那天早上，我对整个家庭实现极简化的领悟，让我至今难忘：我们总是更容易看到别人的杂物，而不是自己的。未经允许，就将极简主义强加于人，并处理掉他们的物品，从来不是个好主意。恰恰相反，我们应先关注将自己的物品极简化，再去对别人的物品，甚至是家庭共有财产进行极简化，这才是明智之举。

夫妻很少会对所有的事情都持有100%一致的意见，谦卑的妥协是任何健康关系的基础，极简主义也不例外。时至今日，我太太和我对极简主义的相关事宜还会有不同的意见，我们分歧最大的两个领域是：衣物和孩子们的东西。但是，我们已经学会了，在彼此都同意的前提下，确保家中没有杂物。你和你的伴侣也可以这么做。

如果你们有孩子，重要的步骤之一就是，商定如何把极简主义引入他们的生活。与教育孩子的方式相同，当说服孩子们在家中实现极简主义生活方式时，夫妻双方站在同一阵线上非常重要。所以，你要和另一半商量好这件事。

我想先谈谈小孩子们的极简主义，然后再讨论涉及十几岁孩子的特殊问题。但在这两个年龄段，有些事情你一定要牢记在心。

在你要求孩子们做到之前，自己一定要做到：

如果你想让孩子们少买东西，那么，你自己就要少买东西。如果你希望他们把不再需要的东西捐赠出去，那么，你也要做同样的事——而且在他们之前就要做到。

如果你买了一条船，每年只在湖面上玩两次——为什么要让小孩子放弃他的玩具呢？

如果你的衣柜里塞满了衣物，甚至都要溢出来了，小孩子该怎样整理自己的衣物，并把不穿的衣服送给别人呢？

通过获得伴侣的支持，一起朝着极简主义努力，你们两人可以一起向孩子们展示：这种生活方式是可以信赖的、可以实现的，并且不会引起他们的反感。

小小极简主义者

当金和我开始体验极简主义时，我们的孩子分别是5岁和2岁。现在，他们是13岁和10岁。虽然我们所拥有的比其他孩子家里的东西都要少，但他们对我们家的生活方式都很适应，他们并不觉得缺少什么，并且能在其中茁壮成长。

同时，他们感到自己的生活很富足，因为他们即将成为充满想象力、充满抱负和创新精神的年轻人。

金和我也曾犯过错误（正如所有的父母都会犯错一样），但是，我们一路走来，也学到了一些重要的经验。到目前为止，我们学会的最重要的经验是：与孩子一起成为极简主义者可能更加困难，但它也更加重要。因为，那些没有学会为自己设定边界的孩子们，成年之后也大多不会为自己设定边界。

但是，在这个过程中，我们如何才能用实际的帮助为孩子们导航呢？

　　小孩子和大一些的孩子还是有差别的。对两个年龄段的孩子来说，你都需要对他们进行一些教育，正如你需要和刚刚接触极简主义这一主题的伴侣进行讨论一样。

　　你的孩子们可能从未听说过极简主义，更不大会考虑它。所以，你可以从用简单的语言形容极简主义开始，向他们解释，为什么你和伴侣选择这种"拥有更少"的生活方式，以及你希望自己的家庭从中获得的好处。孩子们通常要比你想象的更聪明，你的孩子可能很快就会意识到，你这样做并不是在惩罚他们，而恰恰是因为你爱他们。

　　请聆听孩子们的问题和顾虑，然后尽可能地给出答案。向他们保证，你的决定并不意味着你们再也不买东西了，只是意味着以后购物的时候，会考虑得更周全。而且，你也会想办法处理掉孩子们不再需要的东西。

　　一旦孩子们理解了极简主义的目标，并有点儿愿意走上这条道路了，你就可以和他们一起找出最容易被处理的物品。比如，可以从处理他们不再穿的衣服，不再玩的玩具，不再阅读的书籍，不再用的工艺用品开始。他们很快会发觉，没有这些多余的东西，他们的生活也不会受到什么影响。

　　结果是，他们可能开始问自己："在剩下的这些东西中，我到底还需要多少呢？"你可能会感到非常惊讶，孩子们竟然能快速掌握这种新方法，并在削减物品时显得富有创意、信心十足。不久之后，你身边就会出现一些小小极简主义者了。

在极简化的过程中，请充分信任孩子们，并鼓励他们在未来创建一个更加干净整洁、没有杂物的环境。你一定要设定边界——对什么可以购买和保留，什么是不能购买或者保留的，都要有明确的原则。

比如，我们和女儿达成一致，只要她的柜子放得下，她想保留多少玩具都可以。她还可以尽量保留艺术作品，并把它们放在床下的透明塑料桶里。一旦她的收藏品超过了边界（不可避免地会超过），我们会允许她自己决定保留什么，拿走什么……在我们家，每年都要进行两次这种对话。

设置边界，对所有人来说都是很有意义的事，对孩子们来说尤其如此，因为他们总是喜欢把问题考虑得很具体。

边界会帮助他们认识到资金、空间和时间的有限性；边界会帮助他们了解该做什么，结果如何。作为父母，请好好利用这一点，无论何时，你的孩子们学会了如何有效地应用边界，都该给予他们赞美和鼓励。

你可以使用一种办法，庆祝孩子们在遵守边界方面取得的进步，那就是用有趣的体验奖励他们。

如果你自己正过着极简主义生活，那么，你就应该有一些额外的存款和时间。你可以创造有趣的家庭体验，比如，去海滩旅行，在游乐场里玩一天，或在周末去附近的城市来个短途旅行……

没必要把所有刚节省下来的钱都花光，尤其是当你正努力摆脱债务时，不过，创造出能够体现极简主义收获的快乐体验，能够在很长一段时间内帮助孩子们理解你的决定，并坚定他们参与其中的决心。

我们的孩子也需要边界

"我真是不知该如何是好，乔舒亚。她看上去从来都不开心。"我朋友圣地亚哥说的这番话一下子吸引了我的注意力，我不由得在椅子上坐得更直了。

圣地亚哥比我大几岁，而且，从财务状况上来说他比我更成功：他有更多的收入，更多的车，更大的房子……我们在市中心的餐馆里享用美餐，顺便聊起婚姻和养育子女的事情。聊着聊着，我们谈到了他上小学的女儿。

我的朋友一脸沮丧。"我真是不明白。她有满满一抽屉的视频游戏，整个卧室都放满了玩具娃娃，我们的房子里有一间全部用来放她的玩具。但她看起来还是不开心，她总是对我抱怨自己有多无聊。"

他的关注点开始转移了——当谈起养育子女这件事，人们通常会转移话题——他开始谈起自己的童年。

"我小时候，"他说道，"家里什么都没有。我的意思是，乔舒亚，我家特别穷。我只有三个玩具，而且还要和其他三个兄弟一起分享。但是，即使是这样我们也没有过多的要求——我们玩得特别开心。我甚至不记得曾让我的父母给我买过什么。"

我已经准备好回答这个问题了——我花了几年时间研究这个主题，并且刚写完了一本书，名为《有孩子，没杂物》。

"也许，正是因为有太多的玩具，你女儿才觉得不满足。"我告诉圣地亚哥，"你这么想想看，你小时候只有三个玩具。但更重要的是，你知道这一点不会发生任何改变。你只能玩这三个玩具，就这么多。于是，你强迫自己接受现实，并在这仅有的三个玩具中发现更多的乐趣——你别无选择。"

我的朋友不住地点头，于是，我知道到目前为止，他已经完全理解了我说的话。

我继续讲道："但你女儿的情况则完全不同。她总想要新玩具，无论是她在广告里看见的东西，还是她的朋友拥有的东西——只要她想要，她就能得到。你允许她不停地在下一个玩具、下一个游戏、下次购买的物品中寻找快乐。实际上，你是在纵容她。或许，如果她只能被迫在现有的玩具中找寻快乐，她早已找到自己的乐趣了。但是，她现在却生活在'下一个玩具能让我更快乐'的印象中。"

我朋友看上去更伤心了，因为他知道我的话是正确的。正是由于他自己的决定，使女儿与玩具之间建立起一种不健康的关系。

我们所有家长都需要这样的提醒：我们的孩子们需要边界！如果不给他们一种限制，他们就会一直想要更多。如果我们让孩子们在成长的过程中，从不考虑过度积聚物品的缺点，便注定会让他们重复犯下拥有过度物质的错误，而这在我们当今的世界中是如此普遍的问题。

如果你希望让孩子们免受过多物品的束缚，那就请及早教育他们"越简单，越丰盛"的道理——他们能拥有更多的快乐！这也是你向他们表达爱意的最佳方式。

让孩子们看到更多生活的真相

在我的经验中，把小一点儿的孩子引领到极简主义的道路上相对容易。但是对十几岁的孩子，我就不能这么说了——他们更容易有抵触情绪。然而，帮助他们建立一种过更简单生活的习惯，则是他们没有离开家之前的一个主要目标。

我曾在内布拉斯加州、威斯康星州、佛蒙特州和亚利桑那州的教会工作过，也常与十几岁的孩子们相处，我或许能够理解他们抗拒极简主义者的原因。

十几岁的孩子更倾向于通过与同龄人保持一致而寻找被接受

的感觉。广告商们也故意将这个阶段的年轻人作为目标，希望影响他们终生的消费习惯。而且，十几岁的孩子也能够更加独立地做出自己的决定。他们不大可能会珍惜来自成人的意见，尤其是父母的意见。

如果你正在养育十几岁的孩子，一定会知道其中的艰辛。但是，你也应该意识到，向孩子们传达极简主义信息的好处——他们尚未做出人生中最重要的决定，他们还没有开始使用信用卡，还没有被负债的重压所纠缠——尽管他们的消费习惯正受着一些外部因素的影响。

不久前，我把一群自己所尊重的家长、老师和社区领袖聚集起来，请他们分享在提倡过度消费的年代，如何培养极简主义者的智慧。我知道，这些集体的智慧拥有令人难以置信的价值，以下，就是他们的一些想法：

鼓励理想主义。许多十几岁的孩子都愿意找到能够改变世界的一项事业。但成年人总是误解，甚至打击孩子们的理想。我们应该鼓励它！通过极简生活实践带来的各种可能性，我们可以帮助大一点儿的孩子拥有更大的梦想，而不是仅仅盼望着自己能有最新款的电子产品、时髦的汽车，或有朝一日拥有一幢大房子。

要求十几岁的孩子自己购买昂贵的物品。所有的家长都应该为孩子们提供食物、衣服、住所和基本的必需品。而且，在合理的前提下，所有的父母也应该给孩子们买礼物。但是，如果你要求十几岁的孩子用自己的钱购买昂贵的物品，将在他们心目中创造出很强的拥有感，并能让他们更好地理解工作和满足感之间的关系。

鼓励十几岁的孩子们识别广告中的潜台词。广告永远不会消失，我们也永远不能彻底躲避它们。你可以通过提问，帮助孩子读懂藏在那些广告背后秘密："他们到底想通过这个广告向你推销什么呢？你觉得，那款产品对你真会有帮助吗？"

找到同盟。当孩子长到十几岁，你作为家长的角色已经发生了很大的变化。在大多数家庭中，十几岁的孩子们在和父母的关系上，已经表达出想要独立的意愿，但这并不意味着他们从不会听取成人的意见。在你家的社区中找到这么一个人（也许是教练、老师或者社区领袖），他（她）能够支持你的价值观，然后创造机会，让他（她）在孩子的生活中发表意见。

让孩子明白努力工作的意义。通常，我们作为父母都会努力工作，不惜代价地为孩子们提供一切，让孩子们拥有更多更好的东西。但当我们这么做时，我们同样由于忽视了教导他们关于责任的真相，使他们没有为生活做好准备，这么做是存在风险的。维持我们拥有的一切，都需要努力工作：草坪要修剪，汽车要清洁保养，脏衣服要分类，房间要打扫整理……我们要经常向十几岁的孩子们揭露这些生活的真相。

去不发达国家旅行。我曾带领许多十几岁的孩子去世界上贫穷的国家旅行，我们拥有的与其他国家的人所拥有的差距很大，这对每个孩子都产生了影响。尽管拥有的东西很少，那些国家的人所表现出来的快乐情绪，也让这些十几岁的孩子印象深刻。第三世界国家人们的生活条件，强烈地凸显出第一世界的人们对消费主义的追捧是如此愚蠢而错误。如果你知道本地有什么组织或者团体能够组织这种旅行，请试着让你家的孩子也有参与其中。

教导孩子真正重要的并非他们拥有什么，而是他们是谁。高尚的品格是比任何物质都宝贵的财产，你自己也正在努力活出它真正的含义。同时，也要提醒你家十几岁的孩子们注意这一点。

在整个过程中，既要有耐心又要有恒心。孩子越大，向极简主义转变的过程就越困难。毕竟，如果你像我一样，要花30年的时间才最终接纳了这种"拥有更少"的生活方式，却假设10多岁的孩子能在30分钟——甚至30天内发生转变，就太愚蠢了。

但是，随着时间的推移，你会看到，大孩子们也会像年纪小的孩子们一样，开始爱上极简主义带来的自由。至少，在他们最需要的时候，你可以成为他们的榜样。

杰西卡的极简主义之路

杰西卡·唐和父母一起生活在英国。她在15岁时，读到了描述极简主义原则的书籍。"我立刻就被吸引住了。"她告诉我，"它对我来说太有道理了，所以它能吸引我。每个人都渴望幸福，但其实你并不需要物质财产就能感到幸福，尽管大多数人并不这么认为。"

在这期间，杰西卡开始受到极简主义的吸引。不过，她的父母却比以往赚了更多的钱——然后再把钱花掉。

杰西卡回忆说："我们有了更大的房子，更多的衣服，一辆新车，各种闪亮的小工具，还拥有了人们在获得财富后通常都会有的其他东西。虽然这些东西还没有多到可笑的地步，但是，我们花钱买的许多东西，到最后，它们只是被放在房间的某个角落里。我特别后悔的一件事儿，就是帮爸爸买了一台巨大的健身器，但我们却从没用过。我们的房子变得越来越拥挤，房间看起来也越来越小。当我在家里被一大堆东西包围着的时候，感到非常焦虑。"

我问杰西卡，她那些十几岁的朋友对她的极简主义生活有什么反应。

她说："有时候，我觉得朋友们和我生活在两个不同的世界里。他们要操心的事情太多了，比如，最新款的时装、电子产品……而我对这些压根儿不关心。开始的时候，我试图劝他们放松点儿，别太在意物质的东西。我告诉他们，生命中还有更重要的事情，但他们根本听不进去。于是，最终，我学会了对这件事保持沉默——我想，自己是在给错误的人布道。"

后来，杰西卡创建了一个名为"极简主义的学生"的博客，她在上面记录了自己对极简主义的看法和实践。她还发现了一个在线社区，那里活跃着其他和她志同道合的年轻人。

等到上大学的时候，杰西卡把自己需要的东西打包放进汽车后备厢里，一个人搬到了另外一个城市。她喜欢拥有自由，过简单的生活，而且，她也发现，自己确实不需要太多的东西。

上大学仅一年后，她把自己的东西缩减到一个行李箱，去日本住了一年。"那是我生命中最奇妙的一年，"她说，"我见到并尝试了许多新的、令人兴奋的事情，但我拥有的物品却越来越少——我压根儿不需要那么多东西。那一年之后，我的生活发生了天翻地覆的变化。当我回到英国完成学业时，我有了自己的家。于是，我带着很少的东西搬了进去——那真是我生命中最幸福的时光。"

珍视与家人之间的亲密关系

长久以来，财富的积累，是世界各地的人们追求幸福生活的不二选择。然而，如今，我们也可以培养能从其他地方发现幸福真谛的一代人。请让我再次向你保证："家庭的极简主义"完全可以实现，我自己的家庭和我知道的许多其他家庭都可以证明这一点。

你可以学习极简主义，谈论它，效仿它，设定边界来确立它，然后收获它带来的成果。

在结束本章之前，我还要从别的角度提醒一点，我希望你已经理解：你与家人之间的关系，要比你在极简主义生活中取得了什么进步更重要！

我听说过不少人在自己的生活中实践极简主义，但在这个过程中，伴侣和孩子们的反应令他们感到非常受挫，他们甚至因此心生怨恨。更糟糕的是，在几个案例中，由于夫妻双方只有一人追求极简主义，竟然导致了家庭的解体。

我曾收到过一封邮件，内容让我大吃一惊：

"乔舒亚，我有件事想听听你的建议。我觉得家中几乎所有的东西都让我窒息。但是，我的丈夫根本不听我的意见，也不会考虑丢弃任何东西。您觉得我是不是应该离婚啊？"

　　我以最快的速度给她回了信，其中有一部分是这么说的：

　　"我能理解为什么你感到窒息，但是，我绝对不建议你离婚。极简主义应该让人们的距离拉得更近，而不是在他们中间制造嫌隙。"

　　这位女士要犯一个怎样的错误啊！

　　请你一定要拒绝犯类似的错误。不要让家中有关物品的事情把你和家人分隔开来——无论是在法律层面，还是在感情层面。请记住，你的确是出于某种原因而选择了极简主义——至少有部分原因是因为你更重视关系，而不是物品。

　　要意识到，自己不能改变他人。你只能在条件允许的情况下，去鼓励并帮助他们。家庭成员们对极简主义的反应未必能让你完全满意，如果是这样，请告诉自己：一半的极简主义总比没有极简主义要好。如果你对自己的伴侣说，你会坚持极简主义"直到死亡将你们分开"，那么，请恪守你的诺言。

　　爱最伟大的特征之一就是耐心。当你觉得自己的挫败感不断增强，甚至准备向一位家庭成员发脾气时，请做个深呼吸。提醒自己，你也不是完美之人，并在脑海中列出伴侣或者孩子们的优点。

　　当家庭成员拒绝将自己的物品极简化时，这也可能是更深层次问题的表面症状。也许，是内心深处的伤痛把你的伴侣或孩子变成了爱囤积物品的人，这样的行为甚至可能是强迫症或者其他疾病的症状——在这种情况下，正确的做法是小心行事，并为家庭成员找到他需要的支持和帮助——有时候，这意味着专业的帮助。

　　你可以用这些方法，尽全力在家庭中传播极简主义。当你爱的人在身边支持你，并努力追求对你们来说意义重大的事情时，没有什么比这种感觉更好了！

　　不过，无论发生了什么，你都要始终坚持——不要去热爱物品（或是没有物品），而要去爱人！尤其是那些与你最亲近的人！

　　现在我们学习了实现极简主义的步骤，包括如何让我们的家人也参与其中。接下来，我们需要关注更重要的问题了——极简主义的回报。

　　请记住，过多的东西不仅仅是令我们不快乐，更糟糕的是，它们将我们带离了那些真正让我们开心的事情。一旦我们放弃了那些不重要的事物，就可以自由地追求真正重要的东西了。

第十一章
慷慨造就幸福

　　一天，我和家人去采购日用品。准备回家时，我发现，我们的褐色小货车的侧面有一大块擦痕，很明显，那是另一辆车剐蹭的。我心里一沉，立刻就觉得心窝里难受得要命。这块刮痕太丑了，而且又是这么明显，任何人都能一眼瞧见它。

　　比划痕更糟糕的是，司机没有留下他（她）的联系方式就离开现场了，我们也没办法联系他（她）的保险公司修车。这意味着如果我们要修补这块划痕，就要自己承担费用。更可能的结果是，考虑到这辆车年头也不短了，我们也许干脆就不去管它了，就让那个划痕待在那儿吧！

　　我太太和我一言不发地把车开走了，我们俩都觉得很生气。

　　在这一片静默中，我开始反思，这件事是如何影响了我，小货车上的划痕为什么会令我如此难过？

　　我想明白了。对我们而言，汽车可是一笔大投资——我们花了不少辛苦钱才买了这辆车，也花费了不少时间和精力去保养它。如果在我的自行车上有类似的划痕，我根本不会这么焦虑。对我们而言，这辆车代表了一笔重要的财务投资（除了房子，它名列第二），我在其中也投入了很多感情。

就在那时，我想起了这样一句话："你的财富在哪里，你的心也会在哪里！"请注意他措辞的顺序：我们的心是跟着我们的财富走的，而不是倒过来。

不幸的是，我们中有太多人都放任自己的心去追求错误的事物。我们将自己的生命投入到追求物质财富之中，而这些永远无法带给我们持久的喜悦。我们买更大的房子、更豪华的车、更时髦的衣服、更炫酷的高科技产品……然后，再把越来越多的东西塞进已经很拥挤的橱柜里。结果是，这些东西反过来要求我们投入越来越多的时间和精力去照顾它们。

但是，你永远不会在这些世俗的物品中找到持久的成就感——尽管已经拥有了过多的物品，我们依旧明显地感到不满足。

其实，对我们每个人来说，最重要的是环顾四周，找到这么一种投资，它可以将我们的心灵与那些能带给我们真正的幸福、永恒的目标、持久成就感的东西连接起来。

我指的是我们的家庭、我们的朋友和我们信仰的事业。我们应该在这些领域投入更多的时间、精力和金钱。

过拥有更少的生活，可以使我们变得更加慷慨，也更加乐善好施。

可能有许多人都希望自己变得更慷慨大方，但直到他们将自己从过度消费和积聚过多物品的负担中解脱出来，他们才有能力去那么做。当我们将自己过多的物品分享给他人时，我们将体会到那种富足的感觉。我们越早将这些东西赠予他人，就能越早发现在每个人生命中蕴藏的巨大潜力。

而慷慨本身并不仅仅是极简主义的一种结果，更可以成为实现极简主义的动力。

难道你不想为别人更美好的生活做出努力吗？这些人可能就在你的身边，也可能在全世界的各个角落。在本章中，我将告诉你：将不需要的一些东西、额外的金钱和空闲时间与别人分享，这对你本人和那些接受馈赠的人都好处多多。

尴尬的清仓甩卖计划

当金和我开始将生活极简化时，我们面临着一个问题：如何处理我们想丢弃的东西。我们最初的目标是，尽可能从丢弃的物品中获得最大的财务回报。

我是这么考虑的：我可是花了大价钱买这些东西的，总得得到点儿什么回报吧！

于是乎，我们尝试了各种方法。我们在分类广告栏里刊登销售物品的广告，我们把衣物送到寄卖店，我们在 eBay 网上开设了一个账户——有一回，我将装满物品的抽屉整个儿放在上面拍卖。

奇怪的是，竟然没有人拍！

当然，我们还举办了车库清仓甩卖活动。

在我们接触极简主义仅仅几周之后，一个周六的早上，我们决定开始卖货了。那天，我们醒得很早，匆匆吃了早餐后就开始工作了。我们摆好了桌子，上面放着餐具、衣物、玩具、装饰品、书、CD和DVD等（这里无法一一列出），买家可以很轻松地边走边看。另外，我们在每件物品上都放了一个手写的价签儿。

当一切准备就绪后，我们在路边挂起了气球——为此我们祈祷老天不要下雨。我们还播放着轻音乐，就像在百货商场一样。然后，我们打开门，开始了一场盛大的车库贩卖活动。

在我们等候顾客光临时，我太太和我开始讨论，应该用那即将赚到的一大笔钱干点儿什么——存起来？安排一次家庭旅行？也许给客厅订购一张新地毯？一切看上去有无穷的可能性——直至现实的到来。

我坐在一把绿色的塑料椅子上，看着顾客们来来往往。他们会把东西拿起来，仔细看看，然后再放回去。金和我要和他们聊家常，还要尽可能与更多的客人保持目光交流——我们希望客人们能有一种友好的购物体验。有些人对一些东西感兴趣，但真要想成交的话，我们就得和他们讨价还价。

那天结束时，我们赚了135美元，这实在是令人沮丧——这比我们原来期待的少太多了！尽管已经把价格降低了25%，可很多东西还是无人问津，我们觉得非常郁闷。几乎没有什么能比这更让你质疑自己的品位了！

那天晚上，我们太累了，甚至都不想做饭。于是，我们全家出去吃了顿饭，那顿饭花了全天入账的50%。车库清仓得到的财务回报终于派上了用场！

基于我在那个夏日的体验，以及反复多次的经历，我可以给你提些忠告：当你想处理掉一些东西，从而简化自己的生活时，别指望能把东西都卖出去——还不够给你添麻烦的呢！把这些东西卖掉，只会为你的极简化过程带来额外的负担和压力。

好吧，对一些大件物品，把它们卖掉可能还比较划算。但对那些小东西可不是的——如果你指望从车库清仓甩卖的活动中赚大钱，肯定没戏！

幸运的是，我们很快就找到了一种不同的处理办法！

你不要，也许正是别人渴求的

在经历了那次令人失望的、令人筋疲力尽的、耗时耗力的车库贩卖之后，金和我还有一大堆东西需要处理。于是，金打电话给"关照网"——这是佛蒙特市伯灵顿镇本地的一个组织，他们为准妈妈们提供孕产物品和婴儿用品。金认为，他们可能会用到那些我们没卖出去的婴儿用品。

金收到了他们热情的回复："是的，是的，我们能用得上。我们常常有这样的需求。"

我也打了个电话，这次，我打给了佛蒙特"难民安置计划部"，这是一个帮助难民和移民获得个人独立，实现经济自给自足的慈善项目。

工作人员对我说，他们那里急需毛巾、床单和厨具等生活用品，因为他们定期要为移民公寓添置物品，那些移民通常是一无所有，只带了点儿衣服就来了。

在此之后，我们又给本地的其他慈善机构，包括给"无家可归者收容所"打了电话。

我们开始了解到，周围的社区中有大量的男人、女人和孩子，他们甚至缺乏基本的生活用品和安全感，而我们家不要的物品却能为他们提供所需。

那一刻，我们的心变得柔软了。事实上，令我们懊恼的是，这么多年来，我们一直让那些别人急需的物品在自己家的壁橱和地下室里落满灰尘，而我们这么做的理由是什么呢？只是因为担心家里的床单、厨具或者衣物突然不够用吗？

我们很快就从将这些不需要的物品送到慈善机构的行动中获得了更多的喜悦，这比我们把它们卖了从中挣钱所获得的喜悦强烈太多了！这次经历改变了我对极简主义的看法。

　　与其把你不再需要的东西卖掉，还不如将它们送出去。你可以借此机会，培养自己慷慨的品格，而你的身边肯定也不乏这种机会。

　　在世界各地，有无数的慈善组织致力于满足人们最真实、最紧迫的需要。

　　他们向那些一无所有的人提供食物和住处，他们给没有水井的村庄送去干净的水，他们为那些文化不高的人提供教育支持和工作培训……如果你有心，还能发现很多类似这样的机构。

　　通过将不再需要的物品送给这些机构，你可以很快速、很方便地让这些物品继续发挥作用。通过得到一张抵税的收据，你甚至可能比卖掉这些东西收获更多，也更省心。当然，你将体会到的满足感也与以往截然不同——即使你的车库清仓甩卖的销售额超出了自己最高的期望值，那种感觉也无法与之媲美。

　　将物品极简化是一项艰巨的工作。试图卖掉这些杂物，只会增加你在这一过程中消耗的时间和精力，还会增添焦虑感和挫败感。但是，把东西送给其他有需要的人，却会增加你灵魂深处的快乐感和满足感，而这些都是金钱永远也无法买到的。

　　所以，去找一个与你的价值观一致的本地慈善机构，当你看到自己多余的物品能够满足社区中其他人的需求时，你将体会到无与伦比的、真正的快乐。

　　阿莉·伊斯本就以其他人很少经历的方式，亲身体验了这种真实的感觉。

拥有一颗慷慨的心

2007年那一年，阿莉还是一位40岁的妈妈，她有一头红色的头发，性格活泼、开朗。有一次，她和教会里的一些女士一起参加了周末静修活动。

那时，她还没有意识到，这次静修活动将改变她的生命，并最终改变世界各地许多人的生命。

当时，这些女性正在房间里静坐，静修活动的带领者问大家："我们能做点儿什么，改变周围的世界呢？"

房间里一片静默。

最后，阿莉说："卖掉一些自己的东西，用得到的钱帮助别人怎么样？"

她的提议迎来了更多的沉默，但是，阿莉的话还没说完呢。

她继续说："如果我们卖掉一些自己很喜欢的东西，比如说一辆车或者一条船，或者——"阿莉停了下来，因为她想到了一个具有颠覆性的主意，一个将改变她的生命以及其他无数人生命的主意。她说道："我打赌，如果我卖掉自己的婚戒，就能让非洲一整个村子的人吃饱。"

她简直不敢相信，这些话是从她嘴里说出来的。然而，她知道，放弃自己的戒指确实是她内心深处想做的事情。

几周之后，在和丈夫反复讨论后，他们卖掉了结婚戒指，并将钱捐献给了在非洲撒哈拉以南钻井取水的项目，那里，有许多人因为缺少干净的饮用水而濒临死亡。

但是，这个故事并没有就此结束。几周后，一个星期天的早晨，阿莉的一位朋友将她拽到了一边，将自己的婚戒放在阿莉的手上。她平静地说："你也可以拿走我的戒指。"让阿莉更加吃惊的是，事情到此还没有结束——她的另一位朋友也放弃了自己的戒指，然后，又有一位朋友这么做了。

借着这种势头，阿莉建立了一个名为"凭着这枚戒指"的非营利公益组织，号召男人和女人们拥有一颗"近乎激进"的慷慨之心，请他们为了别人的幸福，勇敢地与自己最珍爱的财物说再见。

到目前为止，"凭着这枚戒指"组织已经募集了超过一千枚戒指，并且为非洲、中美洲和印度成千上万的人提供了干净的饮用水。

阿莉在给予的过程中体会到了快乐，在表达慷慨的过程中体验到了成就感，她的实践证明：付出和给予，要比囤积物品更有意义！

也许，你永远不会感动到为了给非洲难民提供干净的饮用水而放弃自己的婚戒，阿莉也承认，她自己走向慷慨的第一步确实有些超乎寻常。但是，我们每个人都可以有这样的感动，去帮助贫穷和有需要的人。这不仅是为了那些有需要的人，也是为了我们自己——将我们不需要的物品送出去，能让我们立刻开始帮助身边最脆弱的人群。

我将告诉你，极简主义如何能使你拥有一颗慷慨的心。

极简生活也能实现财务红利

当我们在生活方式极简化方面取得了一些进步时，很快就会发现一个明显的益处：因为我们停止购买过多的物品，所以，我们的银行账户上通常会有更多的钱，我将这笔钱视作极简主义的财务红利。

我们可以用这份红利做许多事情，比如，偿还债务，把它们节省下来或用于投资，让自己的未来更有安全感，购买更有品质的东西，而不是购买大量的物品……这些都是很好的选择，但还有另外一种选择，就是发起或参与慈善行动。

猜猜看，美国人每年将他们收入的多大比例捐献出去？

正确的答案是，就个人而言，美国人平均会将他们收入的2%~3%捐出去。这个数字累加起来，就相当于整个国家每年大约捐赠了2.6亿美元。如果再加上通过基金会、公司、遗赠等渠道捐的钱，总数大约会升至36亿美元！

别误会我的意思，我很高兴能看到这些钱流向那些需要它们的人手中。不过，请让我坦诚相告，我觉得这其实还是有些微不足道，甚至令人尴尬。

如果我们作为个人将收入的3%捐了出去，这意味着为自己保留了收入的97%。然而，美国人是这个星球上最富裕的人群，我们真需要在自己身上花掉97%的收入吗？尤其是考虑到世界各地还有许多人挣扎在温饱线的边缘。

我知道，把钱捐出去可能会让你感觉有点儿吓人，尤其是很多人从前并没有这么做过。说到底，慷慨是一种勇敢的行为。我们将双手张开，把自己辛苦挣来的钱送出去，这确实有点儿难。一直以来，我们总是认为，应该尽量守住尽可能多的钱来以防万一。

其实，我们几乎不需要储备尽可能多的钱财，尽管内心的恐慌会时刻告诉你应该这么做。事实上，通过减少我们的开支，极简主义也降低了我们的财务风险。

所以，我对你多余财产的建议就是，视自己的情况捐出一部分。学会让这笔钱成为伟大的、财富之流的一部分，并让它流向那些真正需要它的人。

那种感觉十分美妙，可能会令人惊讶！

你还会感到吃惊不已：在慷慨分享的整个过程中，你已经变得多么的用心、投入——当你把财富放到了某个好地方，你的心也会跟随之而去。

　　你曾经花了大量的精力去购物，购买自己并不真正需要的东西。现在，你可以将这些精力用来思考以何种方式将你的金钱奉献出去，才能有最大的影响力。我们周围有大量的信息，可以将你变成一位每日行善的慈善家。如果你在这方面刚刚开始起步，我想，我能给你一些建议。

给予的智慧

　　我们中很少有人对自己现有的慷慨水平感到满意，我认识许多人都希望自己能够给予更多。

　　正因为如此，我希望能通过一些简单的步骤，使我们在生活中变得更慷慨。如果你从未体验过，这将是开始的好办法（无论你现在的经济状况如何）：

　　1.从小处开始——真正的小。如果你从未捐赠过钱财，可以选择从捐赠1美元开始。如果你觉得只给1美元会令你感到尴尬，大可不必如此！没有什么可担心的：网上有许多慈善机构，可以让你用信用卡捐款，你将永远不会遇到记录你的捐赠数额的人。

　　当然，这个练习的目的不是让你在年底报税时可以有1美元的抵扣，其目的是让你开始行动。如果你更喜欢捐赠5美元、10美

元，或者20美元，你也可以从这些金额开始。但是，无论你选择
的金额多少，都要从边线上走进场地，参与其中——你完全可以
承受这一切。而那个小小的推力，将帮助你走向更大的慷慨。

2.先给予。当你领到薪水时，让你的第一笔花费成为一次给予
的善行。

我们通常会看自己还剩下多少钱，才决定能给予别人多少。问
题是，大多数时候，一旦我们开始花钱，就不会剩下什么了——未
来总会产生额外的花销，把钱花得精光的习惯在我们的生活中实在
是根深蒂固。为了抵消这种循环，我们应该尝试先给予。

3.设定一项特定花费。你可以在固定的时间段内选择一家慈善
机构，特别为它捐款。你可以选择自带午餐去上班，而不去餐厅
用餐；每周骑车上班一次，而不是开车出行；或者放弃在周一去
星巴克喝咖啡（你可以把它改在周四）。计算下每月你将剩下多少
钱，然后，再将这笔钱捐给一个特定的慈善机构或慈善事业。

我建议你选择一项有意思的活动——你可以牢记在心的、独
特的活动。如果你亲身参与一段时间，想必能让自己彻底完成这
个项目。

4.按照你的喜好，选择一项事业。有无数的慈善机构和事业需
要你的帮助，其中有些事业会令你充满热情和激情。

你最热衷的事情是什么呢？是有关环境、贫穷或者宗教吗？
也许与世界和平、儿童营养或者动物权益有关。或者，与教育、

人权或者干净的水相关？请确认你最具热情的、最感动你的领域，找到某个致力于那个领域的组织，然后，快乐地帮助他们工作。

5. 与慷慨的人共度时光。 我多年来都非常仰慕一位慷慨的老人，有一次，我和他共进午餐，我决定向他提出几个问题。我开始问道："您一直就是这么慷慨的一个人吗？"当他回答说"不，我从前不是"的时候，我立刻提出了更多的问题。

"那您是从什么时候变得如此慷慨的呢？""这一切是怎么开始的？""您如何决定钱财去往何处？""对那些刚起步的人，您有什么建议吗？"……

这次对话对我本人很有帮助，因为我已开始为自己的慷慨实践打基础了。

慷慨很少是偶然发生的。相反，它是我们每个人必须要为自己的生命做出的决定。不过，它不像许多人想象的那么困难。有时候，从简单的步骤开始，就是我们能够完成的最重要的一步。

在这场"越简单，越丰盛"的旅程中，很重要的一部分就是，我们的奉献之心会逐渐生长。

投资你的时间红利

当我们寻找让自己变慷慨的办法时，不要只想到你能够捐助的物品。

也不要只想到你的现金。

你可以想想你自己！

极简主义通常不仅仅会产生财务红利，还会产生时间红利。当你决意过那种"拥有更少物品"的生活后，就不必再忙着挣钱、忙着购物、忙着照顾所买的东西。于是，你有了更多的时间做别的事。你可能会考虑花些时间，通过志愿活动，亲自参与到那些公益事业中。

我知道，这一步要比填好支票直接捐款更让人感到害怕，这是更加个人化、更容易受到伤害的一步。这意味着你要真正去和人打交道，事情有可能会弄得一团糟。但我最喜欢志愿服务的地方，就在于它能提醒我，需要帮助的是人，而不是项目。

捐献物品的确很好，捐款通常会更好，但我认为最好的方式就是亲自参与其中，服务他人。

你可能担心，自己没有什么可以提供的。我相信，你肯定有！你有自己的力量，有自己的热情，有从经验中吸取的智慧。也许，你还懂得行政管理方面的要诀，拥有一种富有创意的爱好，一种建筑技能，或者别的可以同其他人或机构分享的才华。

当你考虑志愿服务时，也请评估一下自己的天赋和热情，将这些与你可以找到的需求进行匹配。你觉得自己可以组织一场罐装食物的募捐活动吗？可以在动物收容所帮忙遛狗吗？在历史景点当讲解员吗？讲授读写知识吗？为贫困家庭盖房子吗？……

有许多机构可供你选择。你还要考虑到自己的服务对象是谁。你更关注：无家可归者的避难所、图书馆、医院、老人中心、环境组织、国家公园、艺术博物馆、学校……

当你在志愿服务方面很有经验了，也许你已经准备好更进一步了。或许，你可以和红十字会一起提供灾难救援，或者加入某个支援团队，或者可以报名参加和平组织。

不过，在这之前，让我提醒你，志愿服务完全不必像你想象的那么正式，组织那么严密。它所需要的无非就是拥有一颗爱人之心，能够观察事情进展的眼睛，以及可以亲自参与其中的时间。

你可以去帮一位年长的邻居把门前车道上的积雪铲干净，可以替一位筋疲力尽的母亲照顾孩子，让她能有片刻的休息。或者，为生病的朋友做饭，而这些小事会让你周围的人感到生活更加美好。类似这些充满爱的小举动，能够使这个世界变得更加友善，而且令你不再孤独。

慷慨的人很快就会意识到，个人的力量永远不能解决世间的疾苦，不过，这并不会让他们放慢脚步。对他们来说，哪怕能让另外一个人的生命变得更好，这种可能性都足以鼓励他们继续下去。

正如安妮·弗兰克所说："大家都不必等待，都可以从现在开始，逐步改变这个世界！"

这种感觉多棒啊！

发现自己真正的价值

显而易见的是，当我们把自己不需要的物品、额外的金钱，还有我们可以提供的时间奉献出去时，我们就可以为别人创造更加美好的生活。而且，我们所付出的，也会以一种美好的方式让自己受益。

我并不是说，我们是为了从中受益才需要成为慷慨的人。我们的慷慨之心就是为了让别人更幸福，那才是我们的动机。但与此同时，我们也会看到，一些无形的好处会反作用于自己身上，我们应该心怀感激地接受它们。

我可以向你坦承，慷慨让我对自己的感觉更好，也对自己正在做的事情感觉更好。我知道，我并不孤独，许多慷慨无私的人都肯定地说，他们拥有更大的满足感和幸福感！一些研究结果甚至将慷慨之心与改善身体健康联系了起来，这简直太不可思议了！

此外，我还观察到，那些慷慨的人往往拥有更加充实的人际关系。人们往往喜欢有位慷慨大方的赠予者陪在自己身边——一个自私的囤积者往往不受人欢迎。通常，人们会很自然地被那些宽宏大量的、愿意与人分享的人所吸引，而能够成为别人的好朋友，可能是你送给自己的最好的礼物。

那些慷慨的人也往往更懂得珍惜他们所拥有的一切。那些把自己的财产给予他人的人，会更加珍惜他们剩下的财产。那些把钱捐出去的人，对待自己剩下的金钱也绝不会浪费。而那些奉献自己时间的人，也会更好地利用自己剩下的时间。

在为他人奉献的过程中，慷慨的人在他们所拥有的财富之外找到了生命的意义。尽管很多人会用净资产来衡量他们的自我价值（就好像一个人的价值可以用收支平衡表来衡量一样），慷慨的人在帮助别人的过程中找到了自己真正的价值。

正因为如此，他们赚取更多财富的欲望会更少——他们已经在赚钱之外找到了更高的成就感、意义、价值和关系。他们已经学会了在自己拥有的东西中找到快乐，并将余下的给予别人。换句话说，他们已经找到了满足感。

但是，也许，慷慨最大的好处是：慷慨的人意识到，自己拥有的已经足够。

我们经常被追求更多的欲望所绑架，无论我们拥有多少，却似乎总是需要更多——更多的物品、更多的金钱……

我们为了更多的保障和安全感而选择自己的事业。我们把每天最美好的时光用于努力获取更多。而当那些不配拥有的人看上去拥有得更多时，我们往往心怀妒忌，总是担忧自己拥有的是否足够。

但是，这种追求更多的欲望，正在对我们的社会产生破坏性的影响。据调查，在美国人中，有72%的人表示有金钱方面的压力。有些人认为，这种焦虑是出于财务、法律方面的需求，但对我们大多数人而言，完全没必要有这份压力——要知道，这个世界上有数十亿人每年的年收入低于13000美元——我们大多数与财务相关的压力，实质上都是人为制造的需求所致。

恰恰是慷慨改变了这一切，并帮助我们舍弃这种被扭曲的追求。

它向我们揭示出，我们原来已经很幸福了；它提醒我们，我们拥有的已经比需要的更多；它显示出，我们给予多少，就能成就多少善行；它帮助我们看到身边人的需求；它也为我们的金钱提供了比花在自己身上更好的一种归宿。

如果你受到了鼓舞，也想变得更慷慨，请让这种愿望激励自己过一种拥有更少的生活吧。当你的极简行为释放出更多可以分享的资源时，你可以心怀喜悦地将它们分享给他人。你的心灵将感到更加温暖，这个世界也将会变得更好。你将发现，自己可能从一开始就不需要那些东西。

　　所以，就从今天开始，将你不再穿的衣物、不再用的运动器材、不再阅读的书籍，或者用不上的家具都慷慨地捐献出去吧！

　　与此同时，如果有足够的能力，也可以向你所支持的慈善机构捐款。通过为本地的学校，无家可归者收容所，或者你选择的非营利机构提供志愿服务，慷慨地利用你的闲暇时间吧！

　　这些就是我所建议的，使你拥有更大影响力的最快捷的方式。

第十二章
越简单，越美好

　　我现在的生活，与2008年时的生活截然不同，而极简主义就是这一切变化的催化剂。决定过"拥有更少"的生活给我带来的变化，远远不止是更干净、整洁的抽屉和壁橱——它挑战了我以往的许多设想，也促成了我全新的生活方式。

　　现在回想起来，这种前后对比令我获益匪浅。

　　我曾经热衷于看电视，我会一连打几个小时的游戏，我对运动过敏，我喝了太多的苏打水，我吃过太多的快餐，我经常熬夜，只要有机会就想大睡一觉。我一直以为，自己过得随心所欲。

　　但是现在我意识到，以往的生活方式根本不会增加自己的满足感。事实上，它在损耗我的满足感。我以往的生活，无论是对我本人来说，还是对那些与我最亲密的人来说，都远不是最好的生活，那是一种随处漂泊的、没有明确方向的生活。

　　对每个人来说，那种未经考验的生活会非常危险——我们以为自己过着一种最为充实的生活，但事实却并非如此。恰恰相反，我们通常是用短暂的快感取代了长久的目标：

　　当我们吃得不健康，我们就丧失了用恰当方式保养自己的身体的机会。

当我们花大量时间看电视、使用电脑、玩手机，我们就无法与真实世界中的人们相处。

当我们忽视运动，我们就错失了拥有强健身体才能体验的各种人生历险。

当我们整晚熬夜，却在整个上午酣睡不醒的时候，我们也许就错过了全天最有效率的时光。

当我们购买超过自己需要的过多物品时，我们就丧失了自由的、毫无负担的生活。

当我们的花销比收入还多的时候，我们就为自己套上了债务的枷锁。

当我们在自己身上花费过多的时候，我们就失去慷慨地对待他人，并发现更大喜悦的机会。

避免这些错误的方法，就是真正用心去生活。这就是说，我们要审视自己的选择，并怀着更伟大的心愿和更长远的目标做出自己的选择。如果某种活动、某个决定或者某种习惯，并没有拉近我们与既定目标之间的距离，那么，我们就应该放弃它。因为，大部分时间它们只是在干扰我们去做真正重要的事情。

我已经谈道，我们拥有的大多数财产会对我们自身产生很强的控制力，要想正确地评估物质环境实在是个大工程。然而，那种"越简单的生活反而能够获得更丰盛的收获"的原则，其适用范围要远远超过拥有家庭财产。

接下来，我将谈及，用心生活会让我们从哪三个方面受益：我们的日程、我们的身体，以及我们的关系。

忙碌上瘾症

我们所处的这个世界，发展速度越来越快。随着技术和交流方式的不断改善，信息传播的速度也越来越快。一直以来，雇主们和社交媒体网络似乎都更青睐那些永远能够与人保持联系的人。

虽然社会对我们的期望、需求及要求不断增长，但是，每周的小时数并没有增加。结果就是，我们的生活只能越来越繁忙。

据统计，在英国，有75%的父母因为工作太忙，以至于晚上没时间和孩子们交流，越来越多的孩子们被放到了托管中心照顾，同时参加课后活动。我们甚至很难找到时间去度假。平均起来，美国人在10分的标准内将他们的压力评为4.9分，这很大程度上是来自他们繁忙的日程以及赚钱的压力，他们必须拥有一种被社会接受的生活方式。

从长远的角度来看，我们很难从这种快节奏的生活中获益，因为繁忙的生活中缺乏反思的时间。我们风风火火地忙完一件又一件事情，甚至没意识到自己是如何被繁忙的日程淹没的。我们也没有意识到，这种承诺过度的生活实际上是在伤害我们自己。

表面上看，繁忙已经成了我们许多人默认的生活状态。就像我们在过度消费、过度囤积物质财富一样，我们也对自己的日程做出了过多的承诺。

当然，生命中确实有需要我们全神贯注、全力以赴的时候。我并不是不鼓励你在重要的事情上努力奋斗。但不幸的是，我们中的许多人是在为错误的目标而奔忙，我们竟然允许那些错误的假想占据自己宝贵的时间。

从出生开始就被告知的种种谎言，将我们生命中最重要的事情都排挤了出去。我们未能享受那种平静的、用心生活的好处，却为一件件无足轻重的琐事而忙碌。而最终，没有谁是真正的赢家。

请不要为了盲目追求的那些错误的事情，而错过对自己来说更重要的事情。

如何让自己变得更充实

我的朋友迈克·伯恩斯就是一个极好的例子。他以自己的极简实践证明了：一个人完全可以通过简化自己的日程，令生活更安逸、舒适。

他说道：

15年前，我的生活简直不堪重负——我超长时间地工作，努力地在事业上站稳脚跟。我在与太太、六个孩子、邻居、朋友、家人和同事的关系中疲于奔命。我的日程安排也是杂乱无章的，要做的事情实在太多，而我却没有足够的时间。我的愿望是美好的，我的心也是善良的。但是，我的生活就像个漩涡，让我几乎无法呼吸。必须做出改变了！我知道，自己需要帮助。

于是，我的家人开始了一场探索之旅，我们想要弄明白，如何管理好时间，并关注那些对我们最重要的事情。这次探索之旅已经持续了15年（而且还在继续），它给了我们巨大的回报。我不敢说，每天都能完全按照计划进行，因为那几乎是不可能的。但是，我可以自信地说，我们现在所过的生活就是我们向往的生活。我们衷心地去关注那些自己最珍视的东西。

只要掌握了其中的诀窍，你也可以在今后这样总结自己的生活。下面，就是通向那个目标的四个步骤：

1.在日常生活中培育思考的空间。每天清晨，开始一天的工作之前，找个地方静坐；花点儿时间享受午餐，充分利用工作间隙休息的机会；花时间独处、祷告或者冥想；在繁忙的日程中，创造小段的独立思考空间。

2.减少干扰。现在，只要轻点鼠标，我们立刻就能进入一个个吸引我们好奇心的虚拟世界中。但是，如果你对所有的领域都感兴趣，就无法在生活中某个特定的领域获得成长。我们可以用关掉智能手机的通知功能和应用程序，每天检查两次邮件，减少浏览新闻、娱乐内容和社交媒体的次数……有意地减少各种电子干扰。

3.在拒绝中找到自由。如果有人不得不忙于许多事情，他就不能成功地追求一个目标。我们要认清"不"这个词的内在价值，学会对那些不太重要的事情说"不"，这将让你能够追求最重要的事情。

4.欣赏并安排休息。许多人日程繁忙的原因之一是，他们没有意识到休息和放松的价值。事实上，充分的休息和放松，对我们的身体、大脑和灵魂都是有益的。每周，请为自己和家人拨出一天时间，专门用来放松。把它排在你的时间表里，并不惜一切代价坚守它。

过"拥有更少"生活的各项原则，不但适用于我们每天的日程，还能帮我们减少那些不重要的安排。另一方面，你也可以利用它更用心地照顾自己的身体。

那些超越美貌的东西

我们生活在一个痴迷于美丽的社会。尽管我们有时候可能会批判这种痴迷，但实际上，许多人都花了大量的时间和精力关注自己的外貌。

关注自己的外貌，并努力让自己看起来更亮眼——这就是导致我们中的许多人生活杂乱无章、超额消费、人际关系复杂的主要原因之一。据调查，美国人每年在整容手术上的花费就超过120亿美元，在化妆品上的花费更是超过560亿美元！

新的饮食潮流以令人目眩的速度出现、消失；男性杂志封面上的广告承诺：你会有六块腹肌；女性总是对自己的容貌、身材患得患失，平均每年会花两周的时间参与各类美容项目……

顺便说一句，并不仅仅是女性热衷于花很多时间让自己看起来更漂亮。男性护理产品生产商们也在愉快地表示，男人们越来越重视他们的外表了。事实上，英国人做的一次调查表明，男性花在梳洗打扮上的时间，甚至还要略多于女性。

然后，不得不提到各种服饰、鞋帽。美国家庭平均每年花在衣服上的钱是1700美元。我们当然需要衣服，但是，我们买的许多衣服都是为了在别人面前显得更美丽，或者为了让我们对自己的感觉更好。今天的女性，平均每人拥有30套衣服，而在1930年，她们平均每人只拥有9套。

当今的都市女性，每年为了采购衣服要去30次商场，购物时间超过100个小时；每年的15次买鞋之旅要花40个小时；每年还要花整整50个小时只逛不买。而与此同时，平均每位美国人每年丢弃的衣服达68磅重。

我就不再过多描述珠宝首饰、做头发、做指甲、皮肤护理、文身和扎耳洞——人们为了让自己看起来更吸引人，投入大量的时间和精力。

具有讽刺意味的是，所有这些努力并不一定会显现出我们期望的效果。有一个调查显示，尽管花了大把的时间和金钱，77%的成年女性依旧抱怨她们的外表。另外一个调查显示，如果女性的妆容更清淡，无论男性还是女性都会觉得她们更吸引人。

更重要的是，从长远看，尽管对身体有着着魔似的关注，许多人却完全不具备应有的健康。差不多69%的美国人超重或者肥胖。每5个成年人中，只有一个人能够达到联邦政府对有氧运动和肌肉强化练习设定的标准——美国人每年在快餐上花费总额超过1100亿美元，平均每人每周看34小时电视（或电脑）。

此处的问题在于，我们更关注外表的美丽，而不是身体的健康。

　　你在自己的外表上花费了多少时间和金钱呢？也许，已经超过了正常的范围。如果你的壁橱里塞满了衣物，浴室台面上堆满了美容产品，每天早上都感觉匆匆忙忙的，而且，同时你也清楚，自己的身体并不具备应有的健康与强壮——也许，你应该更加用心地关照自己的身体，改善自己的健康。

更好地关照自己的身体

　　我们如何才能鼓励自己适当地关照自己的身体，却又不对它过分痴迷呢？

　　我喜欢《每个人的身体都重要》一书的作者格里·托马斯说过的话："别再把你的身体当作装饰品了，那只是出于骄傲和野心而塑造自己身体的人所展示出的一种被误导的动机——像对待某种工具一样对待你的身体。别忘了，身体是你用来服务上帝的容器，而正是上帝塑造了它。"

　　人的外表并不是最重要的。更重要的是，身体才是我们用来完成世间使命的工具。无论你还是否想成为一位好家长、一位灵性导师、一个环游世界的旅行者、一位成功的商人，或者其他任何什么人，我们的身体就是一笔资产，或者是一项负债。

　　这意味着，我们需要对自己曾经的观念做出重要的改变。我们并不仅仅是出于虚荣来关照自己的身体, 或是为了填补内心深处的情感空虚。我们关照自己的身体, 是为了能够有效地完成生命中最重要的使命。

·**身体鼓励我们适当补充燃料**。我并不是个素食主义者, 也不会为自己的饮食设定严格的限制, 但是, 我能够意识到, 健康的饮食可以为更加有效率的生活做好准备。一条很好的经验就是, 让蔬菜、水果占你全部食物的一半。我们家的目标是, 将肉食作为配菜而不是主菜。

·**身体呼唤我们要充分饮水**。我们体内的每个系统都依赖水分。根据梅奥诊所的调查, 一个人的身体每天需要9至13杯每杯8盎司的水 (取决于你的性别、体重、活动水平)。你可以考虑从每天喝8杯水开始。

·**身体要求我们频繁地进行锻炼**。美国疾病控制和预防中心建议, 每周至少有2天运动, 进行150分钟的有氧和肌肉拉伸活动。如果你本来就有意进行锻炼, 可以采纳这个建议。如果你还没想过锻炼身体, 现在, 不妨迈出第一步。

·**身体要求我们策略性地消除不健康的生活习惯**。我打赌, 你根本不需要我来重复那些通常的建议, 你只须遵照、执行就好: 不要吃得太多; 少吃垃圾食品; 少抽烟; 少喝酒; 别总在外面吃饭; 要阅读并留意食品标签。

我提出的这些原则并不是独一无二的, 独一无二的是其背后的动机。

　　我并不是出于羡慕或者嫉妒才采纳这些原则，也不是出于想给别人留下深刻印象的需要。我之所以采纳这些原则，是因为它们能让我的身体更有效地实现我的人生目标，而这种心态的变化能使我的生活焕然一新。

　　从上面的原则中，选择你可以改善的一项。从现在开始，积累一些成功的经验，然后，开始下一项。

如何成为一名健身房会员

　　在奉行极简主义的6个月之后，12月11日，恰逢我的生日。我太太问我想要什么生日礼物，我却不知道如何回答。在花了几个月时间清理家里的杂物之后，我再也不想往家里增添任何东西了。我怎么可能在自己捐了12条领带之后，还想得到一条领带呢？或者，在处理掉3块表之后，还想得到一块新表呢？

　　在一个凉意十足的晚上，我在开车回家的路上突然有了灵感。当我路过附近的商业街时，我看到了以往从未见过的一块明亮的紫色招牌，上面写着："星际健身！即将开业！现在加入每月只需10美元。"

　　现在，我明确地知道自己想要什么生日礼物了：健身房的会员卡。这件礼物不仅不会为家里增添新的杂物，还可以让我第一次有动力去健身，并优先考虑如何让自己的身体变得更健美。

12月11日，我第一次来到星际健身房。从那时开始，我一直定期锻炼身体，并收获着这个新习惯为我带来的各种好处。

在我的故事中，极简主义激发了我如何对待自己身体的态度，就像它令我重新简化自己的日程一样。将自己的物品极简化，就好像是用心地在每个其他领域开启了一扇门。

当我们想要一种"拥有更少"的生活时，极简主义为我们带来了第三个用心的领域：关系。

无益的人际关系也需要清理

许多极简主义者都会建议你："把任何不能为生命带来益处的人，从生活中抹去！"他们是在鼓励你清除人际关系方面的杂乱状态，正如他们鼓励我们清除壁橱里和架子上的杂物一样。

我能理解他们想说明的问题，不过，我并不赞同这种说法。我觉得，像对待物品一样，定期用过滤器对人际关系进行清理是个错误——毕竟，关系并不是交易。就这个问题，我还有更多的话要说。

不过，首先我要承认，在生活中，有些时候放弃一段关系是有道理的——当我们需要这么做时，应该当机立断，并且不必自责。如果这种关系正在从身体上或者感情上伤害你，如果你们双方都没有从这段关系中得到任何实质的收获，或者，在这段关系中投入时间将阻碍更重要的关系——你确实需要终止它。

有时候，最佳的选择是彻底终止某种关系。其中，虐待和过度依赖的关系是最该被清除的，除非它们能从根本上改变。如果你无法改变这种关系，请友好地分手，但必须做出决定。

在其他关系中，你也许需要限制某种关系，或者为其设置边界。比如，你可以决定："我每周只和妈妈通一次电话，除非有紧急情况。"或者，你会对朋友说："我必须要对你诚实，汤姆，除非你不再说前女友的坏话，否则，我不想再和你交往下去了。那些话太恶毒了！"

我们可以通过控制节奏，把握平衡，以及进行某种条件下的交易，使我们的关系变得更健康。而每次的"再见"都会迎来新的"你好"。当你清楚或者减少某种有害的关系，你将体验到更少的干扰和更多的平和。你会拥有更多的时间、更多的精力、更好的感情资源，并把它们投入到对你真正重要的人和事上去。

而且，你知道吗？从长期考虑，那个勇于说再见的人，将会更幸福。

讲了那么多，请让我再重复一次。通往更美好生活的道路，本质上并不是让我们去拒绝别人，尽管有时候我们有必要这么做。

想要获得幸福生活，我们就必须厘清自己的感情，创造独立思考的空间。只选择投资那些对我们有实质利益的关系，并不算是爱，而是自私。

找到自己甘愿为之奉献的目标

我有个朋友约翰。想到这儿，我并不确定"朋友"这个词用在他身上是不是合适，不过，我还是选择用这个词。

你瞧，约翰不怎么回复我的电话，也不回复我的语音留言和短信。

不过，每过几个月，我的电话就会响起，约翰就在电话的另一端。他总是在晚上给我打电话，而且情绪低落。他会跟我道歉说，好久没联系了。然后，再问我是否有时间一起喝杯咖啡，或者一起吃午餐。

如果情况允许，我会同意。

约翰的生活并不轻松。他曾经对我说过其被遗弃、吸毒、酗酒的经历，以及曾经度过的那些无家可归的夜晚。他对自己的失意并不介意，甚至是畅所欲言。他的失败也正是他自己故事的一部分，正如他所成长的家庭一般。

我们每次见面，他看起来虽然很邋遢，胡子拉碴的，但他的脸上总是带着希望的表情。他会告诉我，自己愿意回到正确轨道上来。我会向他保证，一定会有人为他高兴，并表示自己愿意用任何可能的方式帮助他。"也许，我们下周能再见一面。"这通常是我对他说的最后一句话。

然而，直到几个月之后，我才会再次听到他的消息。

坦率地说，我必须承认，在与约翰的关系中，我根本没有什么收获。他没有工作，也没有任何特殊的技能，他不会为我提出任何建议。他当然也没有什么地位高的朋友，可以帮助我获得升迁。但我觉得，他还是关心我的。当然，平心而论，约翰表达情感的方式有些可笑。

他能为我做的一件事，就是频繁地为我提供奉献爱的机会——这并不是那种期待回报的爱，而是一种纯粹的、无私的爱，一种需要耐心和恩典，承诺和牺牲的爱。你知道吗，这是真正的爱。我们的关系为我提供了一个能不断提醒他的机会，无论他游荡到了哪里，我都在耐心地等他回来。

这些年，我的生活里的确有这样一些人，他们使我平和地决定不再与之交往。但是，也有像约翰这样的人。尽管我与他们的关系在成本效益分析中的得分不高，我还是愿意将他们留在我的生活中。

我的目标并不是将那些不能为我服务的人从生命中清除。我的目标是将更多的用心带到我的每个"关系"中。我希望能找到可以引领我、教导我、爱我的人，但我也同样希冀，生命中可以有一些让我去服务、去爱，并付出生命的人。因为，对于想要获得平衡的生命，这两种人都是必需的。

成为彻底的极简主义者

当极简主义已经成为你的一部分时，你将找到超越物质财富，实行极简主义原则的方式。

你会学习到：在许多领域内，如何用心体会，何时应该表示肯定与接受，何时应该表示否定与拒绝。在此之前，我们已经分析了三个主要的领域：

在日程方面 — 戒除无谓的忙碌，并关注那些对你来说最重要的事情。

在关照身体方面 — 不要总是关注如何让自己在别人眼中看起来更好，而是要努力让自己的身体保持健康，能够实现自己所追求的人生目标。

在人际关系方面 — 如果必要，请放弃那些不健康的或者没有成果的联系。但要维持那些对你很重要的关系，即使有些时候这种关系对你个人的好处并不明显。

那些体验到最大喜悦的人，往往能在各个领域都保持着明智而健康的习惯。当他们这么做时，就有能力在生命中取得意想不到的成就。

　　而让我们生命更充实，正是极简主义追求的目标。我从一开始就这样讲：极简主义赋予我们追求生命中伟大梦想的自由！

第十三章
追求生命中最重要的事情

　　写这本书的时候，我为自己设立了一个目标：向你介绍一种"拥有更少"的生活方式，却不让你丧失生命的目标——找到自由，去追求生命中最重要的事情！

　　我成功了吗？你在阅读本书的过程中，是否在考虑自己生命中的伟大梦想呢？或者，更好的情况是，你是否开始体验到"拥有更少"带给你的自由，以及实现了某些梦想的成就感呢？

　　我希望，你的家已经看上去更清爽、更平和、更吸引人了。我希望，你不再被不需要的东西所羁绊，或浪费时间在杂物堆里寻找丢失的鞋子，或是害怕回到那个只能为自己增添更多压力的家。

　　我希望，你的日程、你自我关照的习惯，和你的人际关系不会令你精疲力竭，而是能让你精力充沛、活力十足。你可以随时重复阅读本书前面的章节，寻找灵感和指导，从而建立并保持对自己最行之有效的极简主义生活方式。

　　但是，如果我们所做的一切都是将自己的生活方式极简化，而不去利用其所产生的时间、金钱和自由红利，那么，这一切就好像是在工作期间定期地向退休投资账户里存钱，但在退休时，却从不去使用这笔钱。

我在前面的章节里也讲到过"用心"。用心最重要的形式，就是怀着最大的热情追求最珍爱的梦想，而极简主义已经赋予了你这种自由。

所以，我一定要用最清楚的语言鼓励你：努力追求吧！

订好机票；报名参加艺术班；给志愿者协调员打电话；参加铁人三项的培训；开家时装店；参加飞行员培训课程；把家搬到离孩子们更近的地方；为自己的歌录音；去爬山；学习法式烹饪；写小说；完成学位；领养孤儿；参加赛马……只要条件允许，无论你的梦想是什么，现在就去做！

在某个地方，极简主义者安妮特正在实现她周游世界的梦想；

在某个地方，极简主义者大卫·巴斯洛普正在完成自己最爱的创作；

在某个地方，我依然热爱自己的新职业，向人们讲述"拥有更少"的魅力所在。

当你走出家门，去做自己真正抱有热情的事，你也会找到最有成就的人生。不要只是拥有梦想，重要的是活出你的梦想！

找到属于自己的那颗"珍珠"

《圣经》中有这样一个故事，它已超越了宗教的范畴，被全世界各种文化背景的人接受。

故事是这么讲述的："天国就像是一位寻找好珍珠的商人。当他找到一枚价值极高的珍珠时，他卖掉自己的全部财产，买下了这颗珍珠。"

我觉得，我们可以肯定的是，这位商人在遇到这颗极品珍珠之前，已经拥有了许多东西，他也许觉得自己珍藏的这些东西也不错。但是，当他找到了更有价值的东西——那颗珍珠——这位商人明智地意识到，相比之下，他现有的财产根本不能与之相提并论。

我想要说明的是，商人并没有说："多好的珍珠啊！"然后就把它抛在脑后了。他并没有在脑海中夸张自己现有财产的价值，也没有低估这颗特殊珍珠的价值。他既不懒惰，也不怯懦，他更没有让这个机会从身边溜走。他也不允许任何人说服他放弃自己的决定。他采取了决绝的行动，卖掉了自己的财产，并得到了珍珠。

但在此刻，我并不想去关注珍珠的价值，而是要关注商人的行动。正是他向我们示范了极简主义所包含的智慧。

从另一个角度看这个故事，极简主义就是一个"卖出"你现有财产的过程，而"珍珠"则是极简主义允许我们去追求的目标，无论这个目标是什么。

你要自己定义这颗"珍珠"是什么，但无论这颗"珍珠"对你来说意味着什么，请从那位商人的行动中找到提示吧。采取行动，付出一切努力去获得那颗"珍珠"。当你选择了去过"拥有更少"的生活，就不要让任何借口阻止你体验更美好的生活！

关于生命的各种选择

那颗珍珠的故事，说明了一个重要的原则：生命，就是关于各种选择的过程。但是，有些选择要比其他选择更有价值；有些事情更为重要，有些事情没那么重要。对于能够清楚地辨别两者差异的人来说，他们将拥有更伟大的生命。而有些目标，也值得我们牺牲一切去追求。

这种原则正是极简主义的根本所在。对我们而言，有比购买和积累物质财富更有价值的事情，更值得我们去追求——这正是极简主义者的起点。

当我意识到，对于财富的贪求令我无法和自己5岁的孩子共度

美好的时光，清除这些东西就变得更加容易了。我已经找到了一颗
"珍珠"，为了得到它而放弃其他东西，就是我唯一明智的反应。

　　有些选择从内在上就比其他选择更有价值，这种原则也适用
于你如何应用极简主义带来的全新的自由。你可以做自己想做的
任何事情，但你不可能做完全部事情；你可以将极简主义的红利
投资到这里或那里，但不可能到处投资。那么，什么才是最好的
选择呢？

　　我的意思是说，一个人最大的目标在于如何选择，或者如何
定义。这是千真万确的，你有这个自由！我并没有权力去告诉你，
应该利用极简主义带给你的自由做些什么。

　　不过，我还想提出一个特殊的请求：你的生命是极为宝贵的，
不要白白浪费在追求物质财富上；它也是极有价值的，你不能利
用重新获得的自由，把生命浪费在追求自私的利益的过程中。你
不仅要去追求对自己有益的目标，也要去追求有利于他人的目标。

　　我脑海中在设想这样的场景：在将自己的财产极简化之后，
你可以住在海滨小屋里，每天去海边钓鱼。或者，你也可以每天
去打高尔夫球。如果类似这样的事情能够吸引你，这完全取决于
你。但是，我觉得，你还有更好的选择：去改善别人的生活！

　　比如，可以用自己多年的职业经验，免费培训那些刚刚创业
的人。

　　或者，启动一个项目，为那些无家可归的人提供帮助。

或者，在自己的母校设立一项奖学金。

或者，在公益项目中负责一个服务小组。

或者，组织医生和牙科医生，前往世界上缺乏医疗和牙科服务的地方，为那里的人提供免费服务。

或者，让妈妈和你一起生活，而不是让她去住令她感觉糟糕的养老院。

……

你可以这么想，服务他人，是实现极简主义之后自然而然发生的事情。极简主义本身就是一种无私的行为，因为它更少地使用了他人需要的资源。因此，将极简主义的红利投资于服务他人，则同样是一种无私精神的理性延展。

当然，这一切并不一定是绝对非此即彼的。你可以偶尔去钓鱼，同时兼顾公益活动。你还可以去打高尔夫球，并教导一位创业新手。

但是，我不愿意看到你彻底忽视那些能去帮助别人的选项。事实上，在特定的情况下，你必须要在以自我为中心和以他人为中心的追求之间做出选择——我宁愿你选择后者，因为它从内在本质上更具价值。

我们最大的梦想是能够帮助别人，这其中有许多原因。帮助别人不只是会影响我们自身，它也能影响许多人。如果我们的行为能鼓励他人以我们为榜样，那么，帮助他人就会产生倍增的效应——它更能将人们聚集在一起，而不是让他们在各自的生活轨道上徘徊；它可以减少孤独和恐惧，妒忌和憎恨；它能深入到那时常显得黯淡而悲伤的世界，并为更多人带来光明和喜悦。

为什么说最大的梦想是无私的奉献呢？这里还有一个原因：这是因为，从长远角度看，以自我为中心的快乐，从来不会让我们感受到那种在服务他人的过程中才能体会到的巨大满足感。

超越自相矛盾的自相矛盾

这本书的主旨是：如何通过"拥有更少"的生活，却使你从生命里收获更多。它是一种拥有更少物质的生活方式，却使你能体验到更丰盛的人生，具有更充沛的热情。

拥有更少却活得更丰盛，这听起来似乎有些矛盾。

确切地说，就是我们用极简主义赋予我们的金钱、时间和自由去做些什么？

现实已经反复地证明，那些热衷于服务他人的人，往往比其他人拥有更高的自尊、更好的心理适应力和更多的幸福感。

利他主义精神改善了他们的健康，延长了他们的寿命。他们的社会交往也因此得到改善，所有人都能从中获益。那些有更多居民参与活动的社区，往往也是更加稳定、环境更好、更宜居的社区。

　　调查人员对一群十几岁的志愿者进行调研，结果显示，志愿服务对他们的学习成绩、自我意识以及对教育所持有的态度都有积极的影响。为他人服务，也使青少年中的吸毒率、退学率、犯罪率等显著下降。越来越多的人开始意识到：选择持续地帮助别人，已经成为提升幸福感的重要方式之一。

　　在我强化自己的观点之前，请允许我说明，我并不是完全反对自我利益。去做我们喜欢或者感觉好的事情，并不一定就是不健康的追求。但是，令我们的灵魂更充实并能更有效地关照自己则更重要。

　　请考虑一下，当我们选择服务他人时，自己身上会发生些什么。

　　我们的生活会被彻底颠覆。在帮助他人而非寻求个人收获的过程中，我们找到了更大的自由。我们可以过一种更少压力、更少焦虑、更少挫折感的生活，让生活更有成就感、更加完满、更有生命力。

　　我讲的这些内容，也许对你来说并不陌生。实际上，你在关于自己未来的梦想中，或许早已充满了服务他人的愿景。如果是这样，我简直太兴奋了！

　　我想，这是因为你已经体验过服务他人的快乐。与我的感受相同，这种感觉会激励你去做更多服务他人的事情。与此同时，极简主义将帮助你更快地成长，并以一种你从未设想过的方式实现你的人生计划。

我认为，每个人都可以拥有一个伟大的梦想，我也希望，你能从中获得巨大的满足感。当你的梦想中除了自己，也包括帮助他人的时候，这一切必定会发生。

印度大诗人泰戈尔曾写道："我在沉睡中，梦想着生活就是喜乐。我在醒来时，看到的生活就是奉献。行动吧，奉献就是喜乐。"

现在，请让我告诉你"奉献就是喜乐"的方法。

"希望效应"孤儿关照计划

当我收到撰写这本书的预付款时，我太太和我要做出一个重要决定。因为我们一直过着极简主义者的生活，我们并没有负担，不需要用预付款支付房款、车贷或者消费债务，或者为客厅买新家具。我们也没必要把它投资到生意、退休安排或者孩子们的大学基金里。

极简主义为我们提供了其他选择。

很大程度上，金和我已经开始理解，我们此生能做的最有成就感的事，就是去帮助他人。于是，我们决定将这本书的预付款捐出去。我在第一章里简要地介绍过，我们创建了一个名为"希望效应"的基金。这个非营利机构的目标，就是通过提供"模拟家庭环境"，在全球范围内改变关怀孤儿的方式。

　　这种需求几乎大得令人难以理解，全球估计有2600万儿童失去了双亲。因为孤儿院往往是有着严格制度的公立机构，大多数孤儿无法在一个充满爱的环境里获得足够的个性化交流。许多在孤儿院长大的孩子在各个方面的发展都落后于他人，有些甚至会面临犯罪、卖淫或者无家可归的未来。

　　通过"希望效应"基金，我们创造出一种"父母双全"的家庭模式，为每个孩子的健康成长提供了机会。我们在为真实的问题提供真实的解决方案。

　　这种努力的结果如何呢？我们还不清楚。随着时间的推移，它无疑也会不断成长、成熟。我们会犯错误，但我们确实相信，它最终将为世界上许多最容易受伤害的孩子们创造更好的生活。

　　而我不得不提到这个过程中最令人称奇的部分：这些项目所需的大部分资金，都来自"成为极简主义者"社区——那些定期阅读我的博客的人。

　　所以，正是极简主义者在提供资源！世界各地许多普通的男男女女，他们坚信"拥有更少"的生活，将是更美好的生活。这是因为，他们不会去购买、关照多余的物品，他们可以自由地使用自己的资源，帮助他人实现伟大的事业。

　　在这个项目中，他们为急需帮助的孩子们提供了健全的家庭环境。你是否能够设想，他们在了解到自己的善行帮助了他人时所体验到的喜悦吗？我能，因为我也经历过那个过程。

　　我之所以要和你分享"希望效应"的故事，并不是因为金和我本人有什么特别之处，而是因为我们实在太普通了！

　　此前，我们从未尝试过完成类似的事情，我们最初只是想少拥有一些东西。但是，当我们开始行动时，事情逐渐开始产生了变化——我们能够亲眼看见"珍珠"就在眼前，触手可及。如果我们能够完成类似的事情，任何人都可以。自然，你也可以！

　　当然，你没必要和我一样，创建自己的非营利机构。你可以选择做一些没有那么正式、组织也不是那么严密的事情。行动起来，那些事情同样也很好！

　　我认识一些放弃了私人财产的极简主义者，他们更积极地参与了全球性的公益活动。比如，他们向宗教组织捐款，在当地的社区做志愿者，他们甚至前往老挝建设学校……你准备做些什么呢？

　　重要的是，你要意识到，不必一定要等到某个时机才开始行动。你已经拥有自己的影响力，你已经拥有了机会！

每天的影响力

我相信，我在本章中讲述的内容一定令你深感共鸣。你可能已经开始计划如何才能对别人更有帮助，即使你还没有计划，只是这种念头就已经令人感到兴奋！灵魂深处有什么东西在呐喊："那真是件了不起的事！我要去做！"

我们都渴望自己的生命有意义——想让世界因我们而不同。你可以发现，这个社会非常关注影响力——人们为它付出、为它战斗，并学习如何拥有更大的影响力。

我们甚至会出于一些愚蠢的原因就认为某些人具有影响力。但在不懈追求影响力的过程中，我们经常忽视了一个重要的真理——我们已经拥有影响力，每个人都已经是他人的影响者。在真正的极简主义生活方式中，我们已经拥有了改变他人生活所需的一切。

无论何时、何地（在家、在工作场所、在网上或者在我们的社区），当我们的生活与他人的生活发生联系时，我们都发挥着自己的影响力。我们通过每天说的话，我们脸上的表情，我们选择的行为，我们做出的决定影响着别人。

　　无论是我们与5个人、50人还是500人互动，我们对他人都有影响力，它产生的"波纹效应"甚至远远超出我们自身。

　　这其中，并没有所谓中性的交流。我们与另外一个人的交流只能是积极的或消极的。我们可以为他人的生活增加价值，或者消耗他的生命价值。我们拥有影响力的机会，可以成为我们改变的重要契机。它可以令我们的世界变得更加美好，或者把它变得更糟，令人难以忍受。

　　我相信，你已经有了可以贡献出来的东西。因此，在如何使用影响力方面，你需要格外用心。

　　就让你和我，以及所有的极简主义者铭记在心：我们已经拥有了这样的东西，它可以影响他人，并使别人生活得更好。我们可以从今天就开始行动，让我们庆祝自己的成长，并积极去推动改变。

越简单，越丰盛

　　如果极简主义能使你拥有自己想要的休闲、惬意的生活，我希望你能享受这样的日子。

　　如果你希望尽早完成"人生目标清单"列出的冒险活动，那真是太棒了！

　　如果与财产相比，你更迷恋于各种体验，那对你真是再好不过了——我也是这样的人。

去追求它！去追求自己的梦想！去除对物质财产的执着，将为你提供自由和机会，让你去实现一直渴望的生活。

但是，如果你希望用极简主义换取最大的回报，也希望用它来帮助别人，我会更欣慰。你的家庭、你的邻居，很多穷人和其他弱势群体都需要更多人的帮助。当你与他们自由分享时，你会拥有一些奇妙的感受，而这是那些以个人为中心的目标永远不能带来的。

随着时间的推移，我相信，你将越来越清楚，如何更有效地推行公益活动。我知道，我太太和我并不想仅仅服务于"希望效应"这一个项目。我们相信，未来，将出现越来越多的慈善理念和机会。

同样，我相信，你也可以投身于服务他人的活动之中，你会越来越需要这样的机会，并越来越善于利用自己的影响力。

这就是"越简单，越丰盛"的生活——极简生活！

我们对这个世界的贡献可以用更有意义的标准来衡量，而不是取决于我们居住的房子的大小，开什么车，或者穿什么牌子的牛仔裤。我们的生命将拥有更加持久的影响力，而这取决于我们选择过怎样的人生，以及我们如何帮助别人体验更有意义的人生。

你可以让自己拥有更伟大的梦想。

然后，醒来，实现你的梦想！